iv　目　次

　　人称代名詞 23
　　　主語・直接目的語・間接目的語・2つの目的語がいっしょにある
　　　場合の語順・強勢形・命令文中の代名詞
　　練習問題 1～4 25
　　　1 直接目的　2 間接目的　3 中性代名詞
　　　4 所有代名詞・指示代名詞
　　中性代名詞 30
　　所有代名詞 31
　　指示代名詞 (1) 32
　　指示代名詞 (2) 34
　　総合練習問題 (1)～(20) 35
　　国名・各国語・各国人 40

問題3　対話文 41
　　疑問文の3つの作り方 41
　　疑問代名詞 42
　　例題 43
　　練習問題 1～4 45
　　　1 単純疑問文　2 疑問代名詞　3 疑問形容詞　4 疑問副詞
　　疑問形容詞 50
　　疑問副詞 52
　　総合練習問題 (1)～(16) 53
　　「職業」名詞 57

問題4　動詞の活用 60
　　出題されている時制と叙法 60
　　叙法と時制 60
　　例題1, 例題2 61
　　基本動詞とその活用形 62
　　　-er 動詞・-ir 動詞 (1)...62　　-ir 動詞 (2)・-ir 動詞 (3)...68
　　4級で覚えておきたい -er 動詞 64

目　　次

はしがき i
本書によって仏検 4 級をかちとろう！ ix
4 級の内容と程度 xi
出題の基準 xii
出題のあらまし xiv
年度別　4 級合格状況 xvi
実用フランス語技能検定試験実施要領 xvii
試験注意事項 xix
試験解答用紙 xx

▨ 筆記試験問題

問題 1　冠詞 3
　　例題 1，例題 2 3
　　　　分量を表す表現 5
　　　　冠詞 6
　　　　　不定冠詞・部分冠詞・否定文中の de・定冠詞・冠詞の使い分
　　　　　け・縮約・発音の注意
　　練習問題 1〜5 9
　　　　1 冠詞　2 冠詞の縮約　3 所有形容詞と指示形容詞
　　　　4 間投詞的表現　5 同じ単語のさまざまな使われ方
　　　　所有形容詞 13
　　　　アンシェヌマンとリエゾン 14
　　総合練習問題 1〜6 15
　　　　指示形容詞 16

問題 2　代名詞 21
　　例題 21

はしがき

　この「傾向と対策」は当然，4級を受験される方を対象に企画・編集されたものです．実際の試験問題の形式にそって，問題を解きながら，フランス語の基礎を身につけることを目標としています．**練習問題を解いていくうち基本的なフランス語の構造が分かり**，また繰り返し学習することで，できなかった問題も，必ずできるようになるはずです．

　それから，聞き取りや書き取りの試験には，CD を何度も聞いて，耳からフランス語に慣れることが大切です．

　巻末には模擬試験も付いています．実力を試してみてください．

　そして4級を突破して，さらにつづけて3級・準2級・2級・準1級・1級へと挑戦し，合格されることを願っています．

　Bon courage！ 頑張ってください！

　最後に，仏検の問題の使用を快く許してくださった「フランス語教育振興協会」にお礼申し上げます．

梅比良　眞史

は　し　が　き

パリは 1 日にしてはならず Paris ne s'est pas faite en un jour.

　これは「ローマは 1 日にしてはならず」ということわざのもじりですが，「学問に王道なし」とか「継続は力なり」とかこれに類することばはほかにもたくさんあります．ということはそれほど，何につけても日々の地道な努力は辛く，とくに外国語の習得においては毎日の積み重ねが重要なのに，なかなかそれを実行するのは難しいということでしょうか．しかし，少しフランス語に慣れてくれば，その魅力にとりつかれることでしょう．まず，最初の 1 歩を踏み出して，ゆっくりと歩き続けてください．きっと，楽しい散歩のように，さまざまなフランス語の表現を味わうことができるでしょう．

　フランスの文学，思想がフランス語の賜物であることは言うまでもなく，音楽，美術，映画などの芸術もフランス語を背景に創作され，ファッションや食文化といえどもフランス語の感性なしには成立しません．またフランスの政治や経済も言葉による影響を免れることはありえません．

　ともかくフランスをフランスにしているのはフランス語だということに間違いはありません．どこの国でもそうですが，言葉こそがその国そのものなのです．フランス語がフランスだと言っても過言ではありません．フランス語には過去から現在に至る人々の生活が詰まっています．

　簡単なあいさつから始めましょう．コミュニケーションの始まりです．そしてフランス語のさまざまな風景をとおして，フランスと対話しましょう．

　この検定試験はフランス語によるコミュニケーションに役立つことを目的とし，いわば異文化理解を目的としたフランス語教育の一助となるために設けられました．段階別に行われる試験は，フランス語を学ぶみなさんにとって，絶好の学習の手引きとなり，また励みとなるでしょう．

　第 1 回目の試験は 1981 年に実施されました．最初のうちは 1・2・3・4 級の試験が年に 1 回だけ行われていましたが，1987 年からは春と秋の 2 回（1 級は秋季のみ，準 1 級は春季のみ）になり，そして 1994 年からは準 1 級と 5 級の試験が追加されました．毎年受験者が 3 万人を超え，2006 年度からは準 2 級が新しく設けられ，さらにきめ細かい検定が可能になりました．

実用フランス語技能検定試験

4 級

仏検合格のための

傾 向 と 対 策

全 訂

<small>新潟産業大学教授</small>
梅比良 眞史 著

駿河台出版社

練習問題 ①〜⑯.. 65
    ① -er 動詞・直説法現在形　② -er 型動詞の特殊形・直説法現在形　③ -ir 型動詞・直説法現在形　④ 不規則動詞・直説法現在形　⑤ 代名動詞・直説法現在形　⑥ 動詞＋不定詞 (1)・直説法現在形　⑦ 動詞＋不定詞 (2)・直説法現在形　⑧ 動詞＋［前置詞］＋不定詞・直説法現在形　⑨ 命令法　⑩ 直説法単純未来形　⑪ 直説法複合過去形　⑫ 代名動詞の直説法複合過去形　⑬ 受動態　⑭ 直説法半過去　⑮ ジェロンディフ　⑯ 条件法

4 級で覚えておきたい -ir 動詞 68
特殊な -er 動詞 69
主な不規則動詞 71
代名動詞 72
動詞と動詞の結びつき 78
    動詞＋動詞・動詞＋à＋動詞・動詞＋de＋動詞・動詞＋par＋動詞
命令形の作り方 80
直説法単純未来形の作り方 82
動詞の複合過去形 84
複合過去の活用形 86
代名動詞の直説法複合過去 86
受動態 88
直説法半過去の活用形 90
直説法半過去の用法 92
ジェロンディフ 94
条件法 96
総合練習問題 (1)〜(20).. 97

問題 5　語順 101

例題 1，例題 2 101
練習問題 ①〜⑤.. 105
    ① 基本文型　② 強調構文　③ 非人称構文　④ 否定文　⑤ その他の構文

基本文型	....	106
非人称構文	....	109
否定の語順	否定表現のニュアンス	....	111
比較級 (1)	....	114

例題 3 115
    比較級 (2) 115
    比較級 (3) 116
  練習問題 6 比較文 117
    比較級 (4) 118
  総合練習問題 (1)〜(20) 119

問題 6 前置詞 123
  例題 123
    特によく使われる前置詞 124
  練習問題 1〜3 125
    1 時間の前置詞　2 位置の前置詞　3 その他の前置詞
    時を表す主な前置詞 (1)(2) 125
    位置を表す主な前置詞 128
    その他の主な前置詞 130
  総合練習問題 1〜5 131

問題 7 絵を使っての内容一致 135
    家　　族 135
    場所の基本名詞・店の名称 136

1) 場所を示す表現 137
  例題 1 137
    位置を表す前置詞 138
  例題 2 139
    道案内の表現 140
  練習問題 1, 2 141

2）形・色の形容詞 144
例題 3 144
- 主な形と色の形容詞 147
練習問題 3, 4 146
- その他の形容詞 (1) 148
- その他の形容詞 (2) 154

3）動 詞 149
例題 4 149
- 日常生活のさまざまな動作を示す動詞 (1) 150
練習問題 5～7 151
- 日常生活のさまざまな動作を示す動詞 (2) 153
総合練習問題 1～4 155

問題 8 会話文 161
例題 1 161
- 12ヶ月 曜日 季節 162
例題 2 163
- 時の副詞 164
練習問題 1～5 165
- 時刻の表現 168

聞き取り試験問題

問題 1 絵の選択 174
例題 175
練習問題 1～3 177

問題 2 応答選択 182
例題 183
練習問題 1～3 185

問題 3 数詞 190
- 数字 (1) 基数 190

例題 191
　　　　注意する発音 193
　　練習問題 1〜3 194
　　　　数字（2）序数 197
問題 4　内容一致 198
　　例題 199
　　練習問題 1〜3 201

▶ **模擬試験　1** 205
▶ **模擬試験　2** 214
▶ **模擬試験　3** 223

▷ 模擬試験・解答とヒント 233
▷ いろいろな表現 252
▷ 動詞活用表 .... 別丁

本書によって仏検4級をかちとろう！

　本書は，筆記試験問題と聞き取り試験問題とからなっています．フランス語の総体的な力をつけるために，最初からまんべんなく学習してください．

　各問題では，はじめに**解説**とこれまでの傾向を述べ，その問題で取扱われる基本的な事項を解説し，効果的な対策が簡単に述べられています．

○問題をやりながら実力をつけましょう．

　問題はこれまで出題された例題と，出題傾向を考えて新しく作った練習問題・総合練習問題とからなっています．まず　　　　のついている解説や解答を見ないで，自分の力を試してみましょう．そしてできなかった問題を中心に，　　　　の解説を見て，完全に理解し，自分のものにしてください．また，単語や熟語，基本的な構文によるフランス語などは，必ず暗記して，身につくようにしましょう．

○試験の直前に模擬試験問題で予め答案練習をしましょう．

　実際に行なわれる試験の形式・内容や分量にあわせた模擬試験問題が巻末にあります．決められた時間内(筆記試験 45 分，聞きとり試験 15 分)に解答できるようにします．自分で採点してみて 70 % 以上できれば，合格はまず間違いありません．70% とれなかった人は，できなかった問題をよく理解できるように，またそれに類する問題にも再び取り組んで，よく理解し力をつけて試験にのぞんでください．

x　本書によって仏検4級をかちとろう♪

▶**本書で使用されている記号**

　　　　　　：　clé　　　：　問題を解くに当たってのコツ，ヒント．

　　　　　　：　CD に録音されている部分
　　　　　　　　（実際の試験はテープで行われます．）

○ 解答用紙はマークシート方式です．用紙へのマークのつけ方に慣れておきましょう．（解答用紙 xx p 参照）

4級の内容と程度

程度
基礎的な日常的フランス語を理解し，読み，聞き，書くことができる．

標準学習時間：100時間（大学で週1回の授業なら2年間，週2回の授業なら1年間の学習に相当）．

試験内容

読　む	基礎的な単文の構成と文意の理解，基礎的な対話の理解．
聞　く	基礎的な文の聞き分け，日常使われる基礎的応答表現の理解，数の聞き取り．
文法知識	基礎的な日常表現の単文を構成するのに必要な文法的知識．動詞としては，直説法（現在，近接未来，近接過去，複合過去，半過去，単純未来，代名動詞），命令法等．

語彙：約800語

試験形式
一次試験のみ（100点）

筆　記	問題数8題，配点66点．試験時間45分．マークシート方式．
聞き取り	問題数4題，配点34点．試験時間15分．マークシート方式，一部数字記入．

出題の基準

　フランス語教育振興協会が行う「実用フランス語技能検定試験」の 4 級の試験は，1985 年に始まりました．そして 87 年からは春秋 2 回実地されております．年を追うにつれて，問題の形式・内容ともに創意に溢れ，ヴァラエティーに富んできております．

　公表されている「指針(検定基準)」によれば，4 級は「基礎的なフランス語を理解し，平易なフランス語を聞き，話し，読み，書くことができる」とあります．ちなみに 3 級の「指針」では「基礎的な」が「基本的な」となり，「平易な」が「簡単な」となっています．「基礎的」と「基本的」とどう違うのか，何が「平易」で何が「簡単」なのか，判ったようでわからないものですが，どうやら「指針」とは，こういう風に書くものらしいです．まあ，4 級は 3 級より易しく，より初歩的なことを尋ねられるということでしょう．

　「目安」として「第 2 外国語で週 2 コマ 1 年間勉強した人，それに相当する時間数（100 時間）を勉強した人を対象とする」とも述べられています．「第 2 外国語」というのは恐らく，大学で行なわれる第 2 外国語のことでしょうが，日本の大学の第 2 外国語では，時間数，クラスの大きさの関係から，この試験で何より要求されている日常会話のような訓練はあまり行なわれず，「聞き，話し，読み，書く」のうち「読むこと」に多くの時間を割いているのが現状です．フランス語を聞きわける訓練もあまり行われません．

　それですから，聞いたり，話したりすることの練習は日頃から自分で心掛けなければなりません．発音し，それを矯正することも自分から積極的にやる必要があります．カセットや CD，テレビ，ラジオなどをどんどん活用して，耳をならすこと，声を出すことを練習してください．やさしい歌などを覚えることも，発音に慣れるためにはよいことかも知れません．

　ところで，「指針」では「領域・内容(具体例)」として，次のようなことが要求されています．

　① 「聞くこと」の領域では「平易な表現を聞き，その内容を理解する」② 「話すこと」では「相手に伝えたいと思う内容を平易な表現を使って言うことができる」とし，その具体的な内容として，「簡単なあいさつ，紹介，質問と答ができ，また簡単なことがらについての会話，簡単な意見，感想の表明などができる」そして「平易なフランス語文の綴りの書きとりできる」となっています．

　① の「聞くこと」は，試験の「聞きとり」のところで，録音されたフランス

人の声を聞きながら，解答する（或いは解答を選ぶ）という形式で試験が行なわれます．いずれも短い平易な文章ですが，耳を慣らしておかないと，フランス語特有のリエゾンやアンシェーヌマンが聞きわけられないために解答ができない場合が起るでしょう．またフランス語では短い綴りの単語で，発音は同じだが意味の違ういわゆる同音異義語（従って綴りが異なっている）が多くあり，似かよった発音の語も多くありますので，注意しなければなりません．

② の「話すこと」は，いわゆる日常会話で，基本的な言いまわしがいくつかあり，それらは1語1語分解して覚えるより，ひとまとめにして，覚えるようにすべきだと思います．あいさつの言葉や名前をたずねたり，時間と天候をきいたりなどのきまった言い方があります．それらをぜひ，体得してください．

③ 「読むこと」では「平易な文章を読み，その内容を理解することができる」ことを求め，具体例として「平易な記述文，平易な手紙・掲示などを読み，その内容を理解することができる」こと，また「平易な文章の要点を読みとることができる」ことがあげられています．この訓練は大学の第2外国語で，いわゆる「講読」の授業では，比較的訓練されているところです．最近は長い文章や手紙は出題されていません．しかし次の「書くこと」にもつながる問題ですが，語彙・文法規則の基本的なものはマスターしておく必要があるでしょう．これについては，後述します．

④ 「書くこと」では「相手または第3者に伝えたいと思う内容を平易な表現を使って書くことができる」ことを求め，具体例として「平易な記述文，平易な手紙などを書くことができる」こと，「平易な日本語の意味内容をフランス語で書くことができる」ことがあげられています．これはいわゆる作文ですが，これまでに出題としては，日本語をそのままフランス語に置き換える形ではなく，「穴埋め」や「語順」を正しく置き換えるものが多く，やはり語彙や文章構成のしくみの初歩的なものを身につけておくことが必要でしょう．

以上の4つの柱は，ばらばらにあるものではなく，お互いにつながり，組み合わさっているものです．総合的に勉強してゆくことが大切と思われます．ただ決して，それほどむづかしい問題は出題されていませんし，本当に基本的なことがらについての設問ですから，少し努力すれば4級は必ず突破できると思います．

出題のあらまし

2000年以降の問題の内容と解答形式，配点を表にしてみます．また筆記試験の 7 の絵のテーマ，8 の内容は各回ごとに違うのでそれも付け加えます．

(1) 筆記試験（45分）

	問題内容	解答形式	配点
1	冠詞，前置詞＋冠詞	穴うめ選択	2点×4問＝8
2	代名詞	穴うめ選択	2点×5問＝10
3	対話仏文完成	選　択	2点×4問＝8
4	動詞活用，和訳つき仏文完成	穴うめ選択	2点×5問＝10
5	語句の並べ替えによる仏文完成	仏文完成	2点×5問＝10
6	前置詞	穴うめ選択	2点×4問＝8
7	絵と仏文の内容一致	絵を選択	1点×6問＝6
8	仏文と和文の内容一致	合　否	1点×6問＝6
			小計　66点

(2) 聞きとり試験（約15分）

	問題内容	解答形式	配点
1	簡単な仏文と絵の結びつき	絵を選択	2点×4問＝8
2	フランス語の質問にふさわしい応答	仏文選択	2点×4問＝8
3	応答文による数字聞きとり	記　述	2点×4問＝8
4	簡単な仏文と絵の場面の結びつき	和文選択	2点×5問＝10
			小計　34点

● **筆記試験** 8

	8
2001 年度　春	友人同士の会話文
2001 年度　秋	地下鉄の駅で偶然出会った友人同士の会話文
2002 年度　春	生徒と語学学校の職員の会話文
2002 年度　秋	友人同士の会話文
2003 年度　春	洋品店での店員と客の会話文
2003 年度　秋	夫婦の会話文
2004 年度　春	旅行代理店店員との会話文
2004 年度　秋	料理人に対するインタビュー
2005 年度　春	ペット用ホテルの従業員との会話文
2005 年度　秋	友人を空港に迎えに行く会話文
2006 年度　春	部屋探しの会話文
2006 年度　秋	友人同士の写真をみながらの会話文
2007 年度　春	ヒロシと店の主人の会話文
2007 年度　秋	カフェにおける客とウェーターの会話文
2008 年度　春	テニス選手へのインタビュー
2008 年度　秋	バカンスについての会話文
2009 年度　春	旅行代理店の社員と客の会話文
2009 年度　秋	親子の写真をみながらの会話文
2010 年度　春	明日の予定についての会話文
2010 年度　秋	パソコンについての会話文

　この表で,「選択」は, いくつかの選択肢が与えられていて, そこから解答を選んで記号(または数字)で答える形式です.「記述」は数字のみです.

年度別　4級　合格状況

年　度	出願者数（名）	実受験者数（名）	合格者数（名）	対実受験者合格率(％)	対出願者合格率(％)
1998 春	2,986	2,635	1,864	70.7	62.4
1998 秋	4,461	3,917	2,808	71.7	62.9
1999 春	3,296	2,865	2,039	71.2	61.9
1999 秋	4,903	4,281	2,787	65.1	56.8
2000 春	3,119	2,707	1,916	70.8	61.4
2000 秋	4,574	3,957	2,836	71.7	62.0
2001 春	3,071	2,626	1,854	70.6	60.4
2001 秋	4,302	3,773	2,903	76.9	67.5
2002 春	3,171	2,756	2,222	80.6	70.1
2002 秋	4,730	4,164	3,011	72.3	63.7
2003 春	3,541	3,124	2,280	73.0	64.4
2003 秋	4,739	4,204	2,887	68.7	60.9
2004 春	3,269	2,923	2,339	80.0	71.6
2004 秋	4,361	3,879	2,340	60.3	53.7
2005 春	3,667	3,246	2,558	78.8	69.8
2005 秋	4,861	4,261	3,007	70.6	61.9
2006 春	3,036	2,687	2,137	79.5	70.4
2006 秋	4,226	3,819	3,135	82.1	74.1
2007 春	3,099	2,771	2,328	84.0	75.1
2007 秋	4,467	3,949	3,189	80.8	71.3
2008 春	3,279	2,943	2,621	89.1	79.9
2008 秋	4,134	3,723	3,197	85.9	77.3
2009 春	2,861	2,577	2,194	85.1	76.6
2009 秋	3,861	3,518	2,463	70.0	63.4
2010 春	2,904	2,587	1,798	69.5	61.9
2010 秋	3,972	3,598	2,665	74.1	67.1

実用フランス語技能検定試験　実施要領

　実用フランス語技能検定試験（仏検）は，年 2 回，春季（1 次試験 6 月・2 次試験 7 月）と秋季（11 月・1 月）に実施しております．ただし，1 級は春季のみ，準 1 級は秋季のみの実施となります．

　2 次試験は 1 級・準 1 級・2 級・準 2 級の一次試験合格者が対象となります．なお，隣り合う二つの級まで併願が可能です．

　また，出願の受付期間は，通常，春季は 4 月から 5 月中旬，秋季は 9 月から 10 月中旬となります．

◆各級の内容

1 級 （春季のみ）	《1 次》	筆記試験（記述式・客観形式併用）120 分 書き取り・聞き取り試験　約 40 分
	《2 次》	面接試験　約 9 分
準 1 級 （秋季のみ）	《1 次》	筆記試験（記述式・客観形式併用）100 分 書き取り・聞き取り試験　約 35 分
	《2 次》	面接試験　約 7 分
2 級	《1 次》	筆記試験（記述式・客観形式併用）90 分 書き取り・聞き取り試験　約 35 分
	《2 次》	面接試験　約 5 分
準 2 級	《1 次》	筆記試験（記述式・客観形式併用）75 分 書き取り・聞き取り試験　約 25 分
	《2 次》	面接試験　約 5 分
3 級		筆記試験（客観形式・記述式）・聞き取り試験合わせて　約 75 分
4 級		筆記試験（客観形式）・聞き取り試験合わせて　約 60 分
5 級		筆記試験（客観形式）・聞き取り試験合わせて　約 45 分

◆受験地

1 次試験　札幌，弘前，盛岡，仙台，福島，水戸，宇都宮，前橋，草加，市川，東京，横浜，川崎，新潟，金沢，甲府，松本，岐阜，静岡，三島，名古屋，京都，大阪，奈良，鳥取，松江，岡山，広島，高松，松山，福岡，長崎，熊本，別府，宮崎，鹿児島，西

原町（沖縄県），パリ
2次試験　札幌，盛岡，仙台，東京，新潟，金沢，静岡，名古屋，京都，大阪，松江，岡山，広島，福岡，長崎，熊本，西原町，パリ

＊上記の受験地は，季ごとに変更となる可能性があります．また，会場によって実施される級が異なる場合がありますので，詳しくは，最新の仏検受験要項をご確認いただくか，仏検事務局までお問い合わせください．
＊最終的な受験地・試験会場の詳細は，受験票の記載をご確認ください．

◆受験要項・願書の入手方法
1. 書店・生協　受付期間内に全国の仏検特約書店および大学生協で配布，あわせて検定料の納入を受け付けております．
2. 郵送　仏検事務局まで電話・E-mail 等でご請求ください．
3. ダウンロード　APEF ホームページからダウンロードし入手いただけます．

◆合否の判定とその通知
　級により異なりますが，60～70%の合格率を目安に出題するようにつとめています．しかし，最終的には，審査委員会がさまざまな条件を総合的に判断して合格基準を決定しています．
　試験結果通知には，合否のほか，合格基準点，合格率とご本人の得点が記載されます．

◆お問い合わせ先

　　公益財団法人　フランス語教育振興協会　仏検事務局
　　〒102–0073　東京都千代田区九段北 1–8–1　九段 101 ビル
　　　　（TEL）03–3230–1603　　（FAX）03–3239–3157
　　　　　　　　E–mail : dapf@apefdapf.org
　　　　　　　　URL : http://www.apefdapf.org

4 級試験注意事項

問題冊子は試験開始の合図があるまで開いてはいけません．

注 意 事 項

- 途中退出はいっさい認めません．
- 筆記用具はすべて **HB** の黒鉛筆 (シャープペンシルも可) を用いてください．
- 解答用紙の所定欄に，**受験番号**と**氏名**が印刷されていますから，間違いがないか，確認してください．
- **解答はすべて解答用紙の指定された箇所に記入してください．**
- 解答に関係のないことを書いた答案は無効にすることがあります．
- 解答用紙を折り曲げたり，破ったり，汚したりしないように注意してください．
- 不正行為者はただちに退場，それ以降および来季以後の受験資格を失うことになります．
- 携帯電話・ポケットベルの電源は必ず切って，かばん等にしまってください．
- 時計のアラームは使用しないでください．

試 験 時 間

4 級　筆記試験 …………… 11 時 30 分～12 時 15 分 (休憩なし)
　　　聞き取り試験 …………… 12 時 15 分から約 15 分間

xx 解答用紙（雛形）

解答用紙（雛形）（55％縮小）

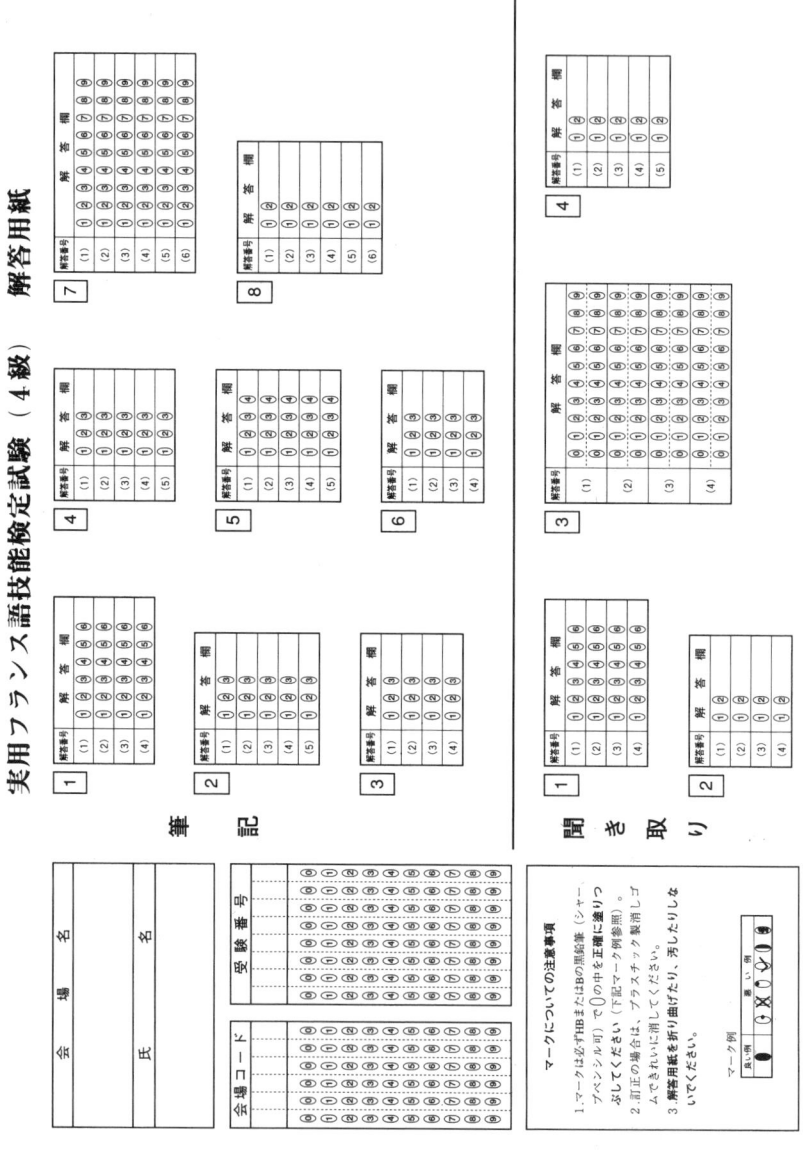

筆記試験問題

合格のコツをマスターしよう

実用フランス語技能検定試験

試験問題冊子　〈4級〉

問題冊子は試験開始の合図があるまで開いてはいけません。

◇問題冊子は表紙を含め16ページ、筆記試験が8問題、聞き取り試験が4問題です。

注 意 事 項

1　途中退出はいっさい認めません。
2　筆記用具はHBまたはBの黒鉛筆（シャープペンシルも可）を用いてください。
3　解答用紙の所定欄に、**受験番号**と**氏名**が印刷されていますから、間違いがないか、**確認**してください。
4　マーク式の解答は、解答用紙の解答欄にマークしてください。例えば、1の(1)に対して③と解答する場合は、次の例のように解答欄の③にマークしてください。

例	1	解答番号	解　答　欄
		(1)	① ② ● ④ ⑤ ⑥

5　解答に関係のないことを書いた答案は無効にすることがあります。
6　解答用紙を折り曲げたり、破ったり、汚したりしないように注意してください。
7　不正行為者はただちに退場、それ以降および来季以後の受験資格を失うことになります。
8　携帯電話等の電子機器の電源は必ず切って、かばん等にしまってください。
9　時計のアラームは使用しないでください。

筆記試験終了後、休憩なしに聞き取り試験にうつります。

問題 1　冠　詞

　【4級の試験問題】では【問題1】に**冠詞**あるいは**冠詞と前置詞**の問題が混在する形で出題されています．ここではまず冠詞を取り上げ，続いて前置詞と冠詞の縮約について学びます．試験問題の項目ではありませんが，冠詞と同じ機能を果たす指示形容詞，所有形容詞についても触れ，冠詞の理解をより深めます．

例題 1

　次の (1)〜(4) の (　) 内に入れるのに最も適切なものを，下の ①〜⑥ のなかから一つずつ選び，解答欄のその番号にマークしてください．ただし，同じものは1度しか用いてはいけません．

(1)　Donne-moi (　) café, s'il te plaît.

(2)　Il revient (　) États-Unis.

(3)　Pauline est (　) petite fille.

(4)　Vous voulez prendre un peu (　) fromage ?

　　　　① au　　② de　　③ des　　④ du　　⑤ les　　⑥ une

名詞につく冠詞，それと前置詞の組み合わせを答えさせる問題です．

(1)「コーヒーをください．」

命令文の動詞 donne は他動詞ですから直接目的語をとります．男性名詞 café に前置詞はつかず，冠詞のみが必要で，可能性としてはある量を示す部分冠詞 du と 1 杯分を表す un が考えられます．

(2)「彼はアメリカから戻ります．」

revient＜「帰る」revenir は一般的には「～から」de あるいは「～へ」à をともないます．そのとき前置詞 à と de が冠詞とつらなるときに変化（縮約 p. 8）する場合があることに注意しましょう．前置詞と冠詞の縮約については国の名前（*cf.* p. 40）に関連させて整理しましょう．

(3)「ポーリーヌは少女です．」

この文は《主語＋動詞＋属詞（英語では補語)》と言う構文です．フランス語では**職業や国籍をあらわすとき，無冠詞**が原則ですが，問題文のように，fille に形容詞が付いて種類（jeune fille, grande fille など）を表すときには不定冠詞がつきます．もちろん定冠詞の可能性もありますが，選択肢に la はありません．

(4)「チーズを少しいかがですか？」

分量を表す **un peu de＋無冠詞名詞**「少しの～」という言い回しを覚えてください．そしてこの表現は不可算名詞（数えられない名詞）にのみ用いられます．数えられる名詞につく「いくつかの～」は quelques や不定冠詞複数の des を用います．例えば「いくつかの質問」なら quelques questions となります．

解 答

(1) ④　　(2) ③　　(3) ⑥　　(4) ②

例題 2

次の (1)〜(4) の（　）内に入れるのに最も適切なものを，下の ①〜⑥ のなかから一つずつ選び，解答欄のその番号にマークしてください．ただし，同じものは 1 度しか用いてはいけません．

(1)　Ce magasin est fermé (　) lundi.

(2)　Cet été ils vont (　) bord de la mer.

(3)　Quelle est (　) plus haute montagne d'Europe?

(4)　Tu as passé (　) bon week-end?

　　　① au　　② de　　③ du　　④ la　　⑤ le　　⑥ un

分量を表す表現　無冠詞名詞をとります

- ☑「たくさんの」　　　beaucoup de
- ☑「より多くの」　　　plus de
- ☑「より少しの」　　　moins de
- ☑「あまりに多くの」　trop de
- ☑「かなりの」　　　　assez de
- ☑「少量の」　　　　　un peu de　/ quelques / des
- ☑「ごくわずかの」　　peu de

(1)「この店は月曜日が休みです．」
　何かが一週間のあるきまった曜日に行われるとき，le が曜日の前につきます．
(2)「この夏，彼らは海辺に行きます．」
　vont＜「行く」aller は一般的には「〜から」de あるいは「〜へ」à をともないます．そのとき**前置詞と冠詞の縮約**が生じる場合があります．
(3)「ヨーロッパで一番高い山は何ですか？」
　《定冠詞＋plus (moins)＋形容詞（副詞）》で最上級をあらわします．形容詞の最上級はその形容詞が説明する名詞の性数にあわせて定冠詞が変化します．副詞のときは le になります．(*cf.* 最上級 p. 115, 116)
(4)「いい週末を過ごしたの？」
　as passé＜passer は他動詞ですから直接目的語をとります．前置詞は必要ありません．この場合 week-end は男性単数名詞ですから文法的には un か le がつくことが考えられますが，ふつう単に「いい週末」を表すには un bon week-end となります．またすでに le は使用しています．

解　答

(1) ⑤　　(2) ①　　(3) ④　　(4) ⑥

冠　詞

≫ 不定冠詞・部分冠詞 ≪

　フランス語の名詞には冠詞がつくのが原則です．例外的につかないときもありますが，それは成句的・熟語的表現とか，職業・国籍などを示す属詞とか，名詞が抽象的な意味しかもたない場合に限られています．

　冠詞は名詞の前について，その名詞の性質を示す短い単語です．3 種類の冠詞（定冠詞，不定冠詞，部分冠詞）がありますが，名詞が男性名詞であるか女性名詞なのか，また単数か複数かによってそれぞれ語形が変化します．

不定冠詞

	男性	女性
単数	**un**	**une**
複数	**des**	**des**

部分冠詞

	男性	女性
単数	**du (de l')**	**de la (de l')**

（　）は母音の前の形

いずれも日本語にはないので，使い方はかなり難しいものですが，基本的には**話を聞く相手が知っているものには定冠詞**が，**知らないものには不定冠詞**（数えられるものに）あるいは**部分冠詞**（数えられないものに）がつきます．部分冠詞は英語にもないもので，物質名詞や抽象名詞について，不特定な量を表します．数えられないものにつくのですから複数形はありません．

　　Il a **une** voiture.　　　　彼は車を1台もっている．
　　Ce sont **des** gâteaux.　　これはケーキです．
　　Elle met **du** beurre et **de la** confiture sur son pain.
　　　彼女はパンに（ある量の）バターと（ある量の）ジャムを塗る．
　　J'ai **de l'**argent.　　　　私は（いくらかの）お金をもっている．
　　Tu as **de la** patience.　　きみは我慢強い（忍耐力をもっている）．

≫ 否定文中の de ≪

直接目的語につく不定冠詞，部分冠詞は否定文では de (d') になることにも注意しましょう．

　　Je n'ai pas **de** frère.　　　私には兄弟がいません．
　　Je n'ai pas **d'**argent.　　　私にはお金がありません．

≫ 定冠詞 ≪

特定できるものや一般性を示すときには定冠詞が用いられます．

	男性	女性
単数	**le (l')**	**la (l')**
複数	**les**	**les**

（　）は母音の前の形

　　Voilà **la** clef de cette porte.　これはこのドアの鍵です（鍵は限定されている）．

≫ 冠詞の使い分け ≪

また例えば「犬を飼っている」と「犬が**好きだ**」という場合には冠詞を使い分けなければいけません.

  J'ai un chien.   私は犬を1匹飼っている（ある犬を）.
  J'aime les chiens. 私は犬が**好きだ**（全般的に犬というものが）.
  Je prends du thé. 私は紅茶を飲む（ある量の紅茶を）.
  J'aime le thé.   私は紅茶が**好きだ**（紅茶というものが）.

≫ 縮　約 ≪

そして前置詞 à と de が冠詞とつらなるときに変化する場合があることに注意しましょう. これを「**縮約**」といいます.

  à＋le＝au Il va **au** restaurant. 彼はレストランに行く.
  à＋les＝aux Il y a un garçon **aux** yeux bleus.
        青い目の少年がいる.
  de＋le＝du Il rentre **du** bureau. 彼は仕事から帰る.
  de＋les＝des Les feuilles **des** arbres tombent en automne.
        秋には木々の葉が落ちる.

≫ 発音の注意 ≪ (*cf.* p. 14)

以下のような語に続く単語が，母音または無音の h で始まるときには
① **リエゾン** (un ~, des ~, les ~, cet ~, ces ~, mon ~, mes ~, ton ~, tes ~, son ~, ses ~, nos ~, vos ~, leurs ~)
② **アンシェヌマン** (une ~, cette ~, notre ~, votre ~, leur ~)
③ **エリズィヨン** (l' ~, de l' ~)
  がおきます.

Ex. ① des‿hommes, cet‿acteur, mon‿enfant
  ② une⌢école, cette⌢actrice, notre⌢enfant
  ③ l'enfant de Paul, de l'eau

練習問題

1 《冠詞》

次の (1)〜(4) の ( ) 内に入れるのに最も適切なものを，下の ①〜⑥ のなかから一つずつ選び，解答欄のその番号にマークしてください．ただし，同じものは 1 度しか用いてはいけません．

(1) On mange ( ) poisson le vendredi.

(2) Il y a ( ) nuages de pluie à l'horizon.

(3) La Loire est ( ) plus long fleuve de France.

(4) Vous avez ( ) heure?

    ① du   ② des   ③ ces   ④ le   ⑤ la   ⑥ l'

2 《冠詞の縮約》

次の文 (1)〜(5) の ( ) 内に入れるべき最も適当なものを，①〜⑧ のなかから一つずつ選び，解答欄のその番号にマークしてください．ただし，同じものは 1 度しか用いてはいけません．

(1) Le prof dit bonjour ( ) étudiante.

(2) Elle va jouer ( ) tennis avec Georges.

(3) Je me promène ( ) Champs-Elysées.

(4) Sylvie montre le coupable ( ) doigt.

(5) Il est sorti ( ) Université de Bordeaux.

    ① au   ② à la   ③ à l'   ④ aux
    ⑤ du   ⑥ de la   ⑦ de l'   ⑧ des

1 (1)「金曜日には魚を食べます．」
　　食べる対象の魚は，「ある量の」という意味で，部分冠詞が付きます．何かが一週間のあるきまった曜日に行われるとき，le が曜日の前につきます．
(2)「地平線に雨雲がある．」
　　雲は数えられる名詞なので不定冠詞が付きます．
(3)「ロワール川はフランスで最も長い川です．」
　　《定冠詞＋plus (moins)＋形容詞（副詞）》で最上級をあらわします．形容詞の最上級はその形容詞が説明する名詞の性数にあわせて定冠詞が変化します．
(4)「何時ですか？」
　　時刻は「今の時刻」に決まっていますから，定冠詞が付きます．heure が母音で始まっていることに注意してください．

2 冠詞の縮約の問題です．定冠詞と前置詞 à, de の組み合わせだけを取り上げてみましょう．
(1)「先生が女子学生にあいさつをする．」
　　dire bonjour à ～「～にあいさつをする」ですが étudiante が母音で始まっていることに注意しましょう．
(2)「彼女はこれからジョルジュとテニスをします．」
　　スポーツをするときには **jouer à ～** となります．楽器を演奏するは **jouer de ～** です．
(3)「私はシャンゼリゼ大通りを散歩する．」
　　Champs-Elysées は「シャンゼリゼ大通り」
(4)「シルヴィーは犯人を指さす．」
　　montrer *qn* du doigt「(ひと)を指さす」という熟語です．
(5)「彼はボルドー大学を卒業した．」
　　sortir de ～「～を卒業する」ですが，Université de Bordeaux が母音で始まっていることに注意しましょう．

解 答

1 (1) ①　(2) ②　(3) ④　(4) ⑥
2 (1) ③　(2) ①　(3) ④　(4) ⑤　(5) ⑦

次の練習問題 3〜5 の問題で (1)〜(4) に入れるのに最も適切なものを，下の ①〜⑥ のなかから一つずつ選び，解答欄のその番号にマークしてください．ただし，同じものは 1 度しか用いてはいけません．

3 《所有形容詞と指示形容詞》

(1) (　) jours-ci, il a l'air fatigué.
(2) Elle prend (　) vélo tous les jours.
(3) Ecoutez bien (　) question.
(4) Il habite avec (　) enfants.

① ce　② cette　③ ces　④ son　⑤ ton　⑥ ses

4 《間投詞的表現》

(1) (　) calme, s'il vous plaît !
(2) (　) instant, j'arrive !
(3) (　) feu !
(4) (　) addition, s'il vous plaît !

① Un　② Des　③ L'　④ La　⑤ Du　⑥ Au

5 《同じ単語のさまざまな使われ方》

(1) (　) maison-ci est plus grande.
(2) Elle est (　) maison.
(3) Ils habitent dans (　) belle maison.
(4) Cette maison est à elle. C'est (　) maison.

① une　② la　③ sa　④ cette　⑤ à la　⑥ aux

3 定冠詞と同じように，名詞を特定されたものとして示す指示形容詞と所有形容詞の問題です．

(1)「最近，彼は疲れているようだ．」という場合の「最近」は「この数日」という言い方をします．指示形容詞が用いられます．
(2)「彼女は毎日自転車に乗る．」
　この場合の「自転車」には自分のという意味の所有形容詞が付きます．
(3)「質問をよく聞いてください．」
　「これからする質問」という使い方で指示形容詞が用いられます．
(4)「彼は子供たちといっしょに住んでいる．」

4
(1)「落ち着いてください．」
　calme「冷静さ」を表す抽象名詞には部分冠詞が付きます．
(2)「ちょっと待って，今行きます．」
　instant「一瞬」を表す名詞は数えることができます．
(3)「火事だ！」動詞が省略されて緊急性を表しています．同じような表現で，Au secours!「助けて」Au voleur!「泥棒」などがあります．
(4)「お勘定をしてください．」
　addition「合計・勘定」を表す名詞に定冠詞が付きます．女性名詞ですが，母音で始まっていることに注意してください．

5
(1)「こちらの家のほうが大きい．」
　名詞＋-ci「この，こちらの」の場合は指示形容詞が用いられます．
(2)「彼女は家にいます．」「在宅」を表すときの決まり文句です．
(3)「彼らは立派な家に住んでいます．」
　どんな家かいろいろな種類の1つという意味で，不定冠詞が使われます．
(4)「この家は彼女のものです．彼女の家です．」所有を表しています．

解　答							
3	(1) ③	(2) ④	(3) ②	(4) ⑥
4	(1) ⑤	(2) ①	(3) ⑥	(4) ③
5	(1) ④	(2) ⑤	(3) ①	(4) ③

所有形容詞

定冠詞と同じように，名詞を特定化するために名詞の前につくものに所有形容詞があります．所有形容詞は所有されるもの（後にくる名詞）の性・数によって，次のように変化します．

(後に来る名詞が)		男性	女性			男性	女性
私の	単数	mon	ma (mon)	私たちの	単数	notre	notre
	複数	mes	mes		複数	nos	nos
きみの	単数	ton	ta (ton)	あなた(がた)の	単数	votre	votre
	複数	tes	tes		複数	vos	vos
彼の 彼女の それの	単数	son	sa (son)	彼らの 彼女らの それらの	単数	leur	leur
	複数	ses	ses		複数	leurs	leurs

（女性単数形の ma, ta, sa は，母音または無音の h で始まる語の前では mon, ton, son となります．）

mon père	私の父	ma mère	私の母
mes frères	私の兄弟たち	mes sœurs	私の姉妹たち
ton père	君の父親	ta mère	君の母親
tes frères	きみの兄弟たち	tes sœurs	きみの姉妹たち
son père	彼(彼女)の父	sa mère	彼(彼女)の母
ses frères	彼(彼女)の兄弟たち	ses sœurs	彼(彼女)の姉妹たち
notre père	私たちの父	notre mère	私たちの母
nos frères	私たちの兄弟たち	nos sœurs	私たちの姉妹たち
votre père	あなたの・きみたちの・あなたたちの父		
votre mère	あなたの・きみたちの・あなたたちの母		
vos frères	きみたち あなたたちの兄弟たち		
vos sœurs	きみたち・あなたたちの姉妹たち		
leur père	彼(彼女)らの父	leur mère	彼(彼女)らの母
leurs frères	彼(彼女)らの兄弟たち	leurs sœurs	彼(彼女)らの姉妹たち

【注意】
英語と違って「彼の」「彼女の」の区別はありません。「彼の父」も「彼女の父」も son père,「彼の母」も「彼女の母」も sa mère です。
母音または無音の h で始まる語の前では女性形も mon, ton, son を使い, リエゾンします (*ex.* mon école「私の学校」).

アンシェヌマンとリエゾン

1. 発音される語末の子音が, 密接なつながりのある語群のなかで, つぎの語のはじめに母音または無音の h がくるとき, その母音と続けて読まれることを**アンシェヌマン**といいます.
   il [il]＋a [a]　il⌢a [ila]
   il [il]＋est [ɛ]　il⌢est [ilɛ]
2. フランス語では語末の子音は発音されないことが一般的ですが, その発音されない語末の子音字も, つぎに母音または無音の h で始まる語がくるときに, その母音と結びついて発音されることがあります. これを**リエゾン**といいます. いつもそうなるわけではなく, 意味に密接なつながりのある場合に行われます.
   -s, -x, -z は [z] に, -t, -d は [t], 鼻母音の場合は -n の n が [n] としてリエゾンされる. neuf [nœf] の f だけは neuf heures [nœvœr], neuf ans [nœvɑ̃] と [v] になります.
   A. 必ずリエゾンされる場合.
      a) 限定辞（冠詞・指示形容詞・所有形容詞）, 形容詞＋名詞
         des‿amis [dezami]
         ces‿amis [sezami]
         mes petits‿enfants [me-pətizɑ̃fɑ̃]
      b) 主語代名詞＋動詞
         Nous‿avons des‿enfants. [nuzavɔ̃-dezɑ̃fɑ̃]
      c) 短い前置詞＋名詞
         en‿Allemagne [ɑ̃nalmaɲ]
      d) c'est〜 の後
         C'est‿un livre. [sɛtœlivr]
   B. リエゾンしてはいけない場合.
      a) 主語名詞＋動詞
         Jacques a des‿enfants. [ʒak-a-dezɑ̃fɑ̃]
                ×
      b) et の後
         un garçon et une fille [œ̃garsɔ̃-e-ynfij]
                       ×
      c) 単数名詞＋形容詞
         un‿enfant intelligent [œ̃nɑ̃fɑ̃-ɛ̃tɛliʒɑ̃]
                    ×

総合練習問題

次の (1)〜(4) の (　) 内に入れるのに最も適切なものを，下の ①〜⑥ のなかから一つずつ選び，解答欄のその番号にマークしてください．ただし，同じものは 1 度しか用いてはいけません．

1

(1) Ils rentrent (　) bibliothèque.

(2) Nous allons (　) cinéma.

(3) Washington, c'est la capitale (　) États-Unis.

(4) Elle est allée (　) toilettes.

　　① du　② des　③ de la　④ au　⑤ à l'　⑥ aux

2

(1) Il a mal (　) dents.

(2) Chacun fait (　) devoir.

(3) A qui est (　) portable ?

(4) Tu as (　) chance.

　　① des　② de la　③ son　④ ce　⑤ au　⑥ aux

1 前置詞 de, à と定冠詞の組み合わせを確認してみましょう．(*cf.* p.8)
(1)「彼らは図書館から戻る．」
(2)「わたしたちは映画館に行く．」
(3)「ワシントンは合衆国の首都です．」
(4)「彼女は化粧室に行った．」

2
(1)「歯が痛い．」
avoir mal à＋〜「〜が痛い」という表現です．そのとき身体の部分の名詞は定冠詞で示します．
(2)「各人がそれぞれの義務を果たす．」
不定代名詞 chacun が主語の場合は所有形容詞は son, sa, ses です．
(3)「この携帯電話は誰のものですか？」
portable「携帯電話」は男性単数名詞なので，ここでは son と ce がとれますが，誰のものか訊ねているわけですから，son は不適当です．
(4)「きみは運がいい．」
chance「幸運」は数えることができない抽象名詞です．

解答

1 (1) ③　(2) ④　(3) ②　(4) ⑥
2 (1) ⑥　(2) ③　(3) ④　(4) ②

指示形容詞

後続する名詞の性・数によって，次のように変化します．

	男性	女性
単数	**ce (cet)***	**cette**
複数	**ces**	**ces**

ce musée (cet avion)　　cette gare
ces musées　　ces gares

*ce は母音（または無音の h）で始まる始まる名詞の前で cet となり，リエゾンします．「この」「その」「あの」の区別はとくにありません．遠近感を出したいときは -ci, -là をつけます．　*ex.* Je préfère cette voiture-*ci* à cette voiture-*là*.
あの車よりこの車のほうが好きだ．

3

(1) Il passe ( ) temps à lire.

(2) Il y a ( ) temps pour tout.

(3) Je ne suis pas occupé, j'ai ( ) temps libre ce week-end.

(4) La météo prévoit ( ) temps.

(5) Nous partirons par tous ( ) temps.

① un ② le ③ des ④ les ⑤ du ⑥ son

4

(1) Elle préfère ( ) poisson à la viande.

(2) Je n'ai pas d'envie de manger ( ) poisson.

(3) On va pêcher ( ) poissons dans la rivière ?

(4) Il nage comme ( ) poisson.

(5) Nous allons cuisiner ( ) poissons que nous avons pris.

① un ② le ③ des ④ les ⑤ du ⑥ au

3 temps という単語のさまざまな使い方です．
(1) 「彼は読書して自分の時間を過ごす．」
temps は所有形容詞とともに，暇，余暇，自分の時間を表します．
(2) 「何事にも時機がある．」
「時機」の意味では数えることができる名詞です．そしてそれは一つしかありません．
(3) 「私は忙しくはありません，週末には暇な時間があります．」
暇な時間ということは，ある長さの時間という意味で，部分冠詞が用いられます．
(4) 「気象台は天気を予報する．」
temps には「天気・天候」という意味もあります．天気一般ということで数えられない名詞と考えます．
(5) 「私たちはどんな天気でも出発します．」
いろいろな「天気」の種類を想定しそれの全部ということですから，数えられる名詞でそれも複数ということになります．

4
(1) 「彼女は肉より魚が好きです．」
食べ物としての魚一般を表すとき poisson は数えられない名詞で定冠詞が付きます．
(2) 「私は魚を食べたくない．」
「魚料理」の意味では数えることができない名詞です．そしてそれはある量を示す部分冠詞で表されます．
(3) 「川へ魚を釣りに行きましょう？」
釣りの対象としての魚は数えられる名詞です．「何匹か釣る」という意味で，不定冠詞の複数形が用いられます．
(4) 「彼は魚のように泳ぐ．」
「1匹の魚のように」という意味で《comme＋不定冠詞＋名詞》の構成になります．もちろん数えられる名詞と考えます．
(5) 「私たちは釣った魚を料理します．」
「私たちが釣った魚」と限定されるので，定冠詞がつきます．

解 答

3 (1) ⑥ (2) ① (3) ⑤ (4) ② (5) ④
4 (1) ② (2) ⑤ (3) ③ (4) ① (5) ④

5

(1) Il est ( ) bon écolier.

(2) Ils n'ont pas ( ) enfant.

(3) ( ) Martin habitent dans la banlieue de Paris.

(4) ( ) famille Martin a passé ses vacances à la mer.

① un　② une　③ la　④ les　⑤ de　⑥ d'

6

(1) Cet hôtel ne prend pas ( ) clients avec des chiens.

(2) Il fait doux comme ( ) printemps.

(3) Ils ont rendez-vous ( ) 14 juillet.

(4) Je prends un potage ( ) légumes.

① au　② aux　③ du　④ des　⑤ le　⑥ les

5 (1)「彼は良い生徒です．」
「彼は小学生です」というときは Il est écolier. といいますが，いくつかのタイプのうち「良い小学生」という場合には，不定冠詞がつきます．
(2)「彼らに子供はいません．」
否定文の直接目的の前の不定冠詞・部分冠詞は de になりますが，enfant が母音で始まっています．
(3)「マルタン一家はパリの郊外に住んでいます．」
les＋姓 で「～家の人々」．動詞は 3 人称複数です．
(4)「マルタンさんの家族はヴァカンスを海で過ごしました．」
la famille＋姓 でも「～家の人々」動詞は 3 人称単数です．

6
(1)「このホテルは犬を連れた客を泊めません．」
「犬を連れた客すべて」と限定されるので，定冠詞複数形がつきます．
(2)「春のように暖かい．」
Il fait doux au printemps.「春は暖かい」という文がもとになっています．
(3)「彼らは 7 月 14 日に会う約束をしています．」
le＋数字 で日付を表します．状況補語の場合でも同じです．
(4)「私は野菜スープにします．」
café au lait を思い出してください．《**飲食物　à＋定冠詞＋(調味料・付け合わせ)**》

解 答

5 (1) ①　(2) ⑥　(3) ④　(4) ③
6 (1) ⑥　(2) ①　(3) ⑤　(4) ②

問題 2　代名詞

　【問題 2】は**代名詞**の問題です．**人称代名詞・再帰代名詞・中性代名詞・指示代名詞が応答文の形で出題**されています．まず過去の問題を検討します．そして，4 級で取り上げられるのはほとんどの場合，人称代名詞と中性代名詞（en, le, y）ですから，それぞれの代名詞について個別に学んだ後に，練習問題を解いてみてください．

例題

　次の対話 (1)〜(5) の（　　）内に入れるのに最も適切なものを，それぞれ ①〜③ のなかから一つずつ選び，解答欄のその番号にマークしてください．

(1)　— Allô.　Est-ce que Monsieur Loisel est là?
　　　— Oui, je vous (　　) passe.
　　　① la　　　　　② le　　　　　③ lui

(2) 　— François, j'ai besoin d'argent.
　　　— Alors, je (　　) prête 50 francs.
　　　① lui　　　　② nous　　　　③ te

(3) 　— On va à la piscine?
　　　— Non, je ne veux pas (　　) aller cet après-midi.
　　　① en　　　　　② l'　　　　　③ y

(4) 　— Pierre, tu as du temps?
　　　— Non, j'ai sommeil.　Je (　　) couche maintenant.
　　　① lui　　　　② me　　　　③ se

(5) 　— Voilà un appartement calme.
　　　— D'accord, mais c'est trop cher pour (　　).
　　　① je　　　　　② me　　　　③ moi

代名詞にはいろいろな種類がありますが，ここでは人称代名詞と中性代名詞が取り上げられています．代名詞は文字どおり名詞に代るものですから，元の名詞が何かをまずはっきりさせることが大切です．

(1) 「もしもし，ロワゼルさんはいらっしゃいますか？ ― はいおつなぎします．」
Monsieur Loisel に代わる代名詞は passer の直接目的語です．直訳すると「わたしはあなたに彼を渡します」ということなります．

(2) 「フランソワ，ぼくはお金がいるんだ．― じゃ，50 フラン*貸すよ．」
「きみに貸す」のですから「きみ」は prête の間接目的です．(cf. p. 23)
＊2002年1月からフランスで使われている通貨の単位はユーロ (euro) です．

(3) 「プールに行こうか？ ― いや，今日の午後は行きたくない．」
「そこに行きたくない」のですから《場所を表す前置詞＋名詞》に代る中性代名詞 y です．(cf. p. 31)

(4) 「ピエール，時間ある？ ― いや，眠い．これから寝るんだ．」
代名動詞 se coucher の活用を思い出してください．(cf. p. 72)

(5) 「これは静かなアパートですよ．― わかりました，でもわたしには高すぎます．」
前置詞の後では人称代名詞は強勢形が使われます．(cf. p. 23)

解 答

(1) ②　　(2) ③　　(3) ③　　(4) ②　　(5) ③

人称代名詞

　名詞の代理をして，動詞の主語となったり，目的語となったりするのが人称代名詞です．1人称は話し手，2人称は聞き手，そして3人称ははそれ以外の人やものを示します．

　主語の形は動詞の活用表でよく眼にするので覚えているでしょう．目的語には，**直接目的**と**間接目的**があります．**直接目的は他動詞の目的語となる名詞に代り，間接目的は，一般的に前置詞 à＋「人」に代ります**．また，その強勢形は動詞から離れて，前置詞や比較の que の後，主語や目的語の強調，属詞などに用いられます．

主語	直接目的	間接目的	強勢形	主語	直接目的	間接目的	強勢形
je	me (m')	me (m')	moi	nous	nous	nous	nous
tu	te (t')	te (t')	toi	vous	vous	vous	vous
il	le (l')	lui	lui	ils	les	leur	eux
elle	la (l')	lui	elle	elles	les	leur	elles

≫ 主　語 ≪

　　Tu es libre demain?　　— Non, **je** suis occupé.
　　　君は明日暇ですか？　　　—いいえ，忙しいです．

　　Ce livre est intéressant. → **Il** est intéressant.
　　　この本は面白い．　　　　　それは面白い．

≫ 直接目的語 ≪　　動詞の直前

　　Je trouve *ce livre* intéressant. → Je **le** trouve intéressant.
　　　私はその本を面白いと思う．　　　私はそれを面白いと思う．

≫ 間接目的語 ≪　　動詞の直前

　　Je donne ce livre *à Marie*. → Je **lui** donne ce livre.
　　　私はその本をマリーにあげる．　　私は彼女にその本をあげる．

≫ 2つの目的語がいっしょにある場合の語順 ≪

主語 (ne) | me / te / nous / vous | le / la / les | lui / leur | (y) (en) 動詞 (pas)

Je te donne *ce livre*.　　→ Je **te le** donne.
　私は君にその本をあげる．　　　私は君にそれをあげる．

Je donne *ce livre à Marie*.　→ Je **le lui** donne.
　私はその本をマリーにあげる．　私は彼女にそれをあげる．

≫ 強勢形 ≪ ① 前置詞と共に，② **c'est**＋〜，③ 主語の強調　などで用いられます．

① Viens avec moi !　　　　　　私と一緒に行こう．
② C'est toi.　　　　　　　　　　君だ．
③ Moi, je m'appelle Tanaka.　　ボク，ボクはね田中です．

≫ 命令文中の代名詞 ≪

① 肯定命令形の語順は次のようになります．

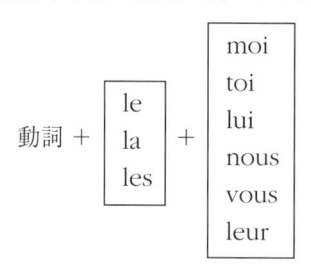

動詞 ＋ [le / la / les] ＋ [moi / toi / lui / nous / vous / leur]

Donne-moi *ton adresse*.　　　→ Donne-la-**moi**.
　私に君の住所をちょうだい．　　私にそれをちょうだい．

② 否定命令形の場合は動詞の直前に置かれます．

Ne touchez pas *les tableaux* !　→ Ne **les** touchez pas !
　絵に触れないでください．　　　　それに触れないでください．

練習問題

次の対話 (1)〜(5) の (　) 内に入れるのに最も適切なものを，それぞれ ①〜③ のなかから一つずつ選び，解答欄のその番号にマークしてください．

1　《直接目的》

(1) — Où est-ce que tu installes cet ordinateur ?
　　— Mets-(　) sur cette table.
　　① le　　　② la　　　③ l'

(2) — Tu aperçois Françoise dans la foule ?
　　— Oui, je (　) distingue bien.
　　① le　　　② la　　　③ l'

(3) — Il faut partir tout de suite.
　　— Alors, je (　) accompagne à la gare.
　　① me　　　② te　　　③ vous

(4) — Votre passeport, s'il vous plaît.
　　— (　) voilà.
　　① Lui　　② Le　　　③ Il

(5) — Vous avez vu Monsieur et Madame Martin hier soir ?
　　— Non, je ne (　) ai pas vus.
　　① le　　　② la　　　③ les

1 人称代名詞の**直接目的**だけの問題です．(*cf.* p. 23)

(1)「どこにこのコンピュータを置く？— その机の上に置いて．」
installer する直接目的は cet ordinateur「このコンピュータ」男性名詞です．

(2)「人混みの中にいるフランソワーズが分かりますか？— はい，見分けられます．」
Françoise は distinguer「見分ける」の直接目的で女性の名前です．

(3)「すぐに出発しなければ．— では駅まで送っていきます．」
accompagne は直接目的をとりますが，母音で始まっていますから，親しい相手の te の場合は t' となります．ここでは vous しか選択できません．

(4)「パスポートをお願いします．— はいここに．」
passeport は 男性単数で，代名詞になり voilà と組み合わされると，voilà の前に置かれ，直接目的になります．「それはここに」という意味になります．

(5)「あなたはマルタン夫妻に昨夜，お会いになりましたか？— いいえ，会いませんでした．」
Monsieur et Madame Martin はマルタン夫妻ですから，複数になります．**男性と女性の場合，文法的には男性複数**です．

解 答

1 (1) ① (2) ② (3) ③ (4) ② (5) ③

2 《間接目的》

(1) — Qu'est-ce qu'on va faire ce soir?
    — Je ( ) propose d'aller au cinéma.

    ① la   ② me   ③ te

(2) — Cette robe me va bien?
    — Oui, ça ( ) va très bien.

    ① nous   ② vous   ③ me

(3) — Ichiro est entré dans une entreprise française?
    — Oui, sa connaissance du français ( ) a beaucoup servi.

    ① le   ② la   ③ lui

(4) — On va prendre le métro ou l'autobus?
    — Ça ( ) est égal.

    ① m'   ② t'   ③ l'

(5) — Elle obéit toujours à ses parents?
    — Non, elle ne ( ) obéit jamais.

    ① les   ② leur   ③ eux

2 **人称代名詞の間接目的**だけの問題です．（*cf.* p. 23）

(1)「今晩何しようか？—映画に行きましょう.」
proposer à *qn* de＋不定詞 で「～に（いっしょに）～することを提案する」という意味になります．
(2)「このドレス私に似合いますか？— はい，とてもよくお似合いです．」
aller à *qn* 「～に似合う」
(3)「一郎はフランスの会社にはいったの？— そう，フランス語の知識がとても彼の役に立った．」
servir à *qn* 「～に役立つ」
(4)「地下鉄に乗ろうか，バスに乗ろうか？— どっちでもいいよ．」
Ça m' [t', lui, nous, vous, leur] est égal. 「～にとってどちらでもいい」という表現です．
(5)「彼女は両親の言いつけをいつも守っているの？— いや，両親の言うことを全然聞かないよ．」
obéir à *qn* 「～に従う」pas toujours は「いつもというわけではない」という意味になり，「決して～しない」という場合には ne…jamais を使います．

解　答

2 (1) ③　　(2) ②　　(3) ③　　(4) ①　　(5) ②

3 《**中性代名詞**》

(1) — Tu penses à l'anniversaire de Paul ?
    — Oui, j'(　) pense, j'ai déjà acheté un cadeau.

    ① en   ② le   ③ y

(2) — Tu sais que Jeanne est malade ?
    — Non, je ne (　) savais pas.

    ① en   ② le   ③ y

(3) — Connaissez-vous Dijon ?
    — Oui, j'(　) reviens.

    ① en   ② le   ③ y

(4) — Voulez-vous du vin ?
    — Oui, donnez m'(　) un peu.

    ① en   ② le   ③ y

(5) — Puis-je sortir ?
    — Oui, vous (　) pouvez.

    ① en   ② le   ③ y

3 **中性代名詞**の問題です．(*cf.* p. 30, 31)

(1)「ポールの誕生日のこと考えてる？— うん，考えてるよ，もうプレゼントも買った．」
　　penser à〜 で「〜のことを考える」
(2)「ジャンヌが病気だって知ってる？— いいえ，知らなかったわ．」
　　que Jeanne est malade に代わるのは le です．
(3)「ディジョンをご存知ですか？— はい，そこから戻ったのです．」
　　je reviens de Dijon.＝j'en reviens.
(4)「ワインはいかがですか？— 少し下さい．」
　　Donnez-moi un peu de vin.＝Donnez m'en un peu. 肯定命令文で moi, toi の後に en, y がくると m', t' となる．
(5)「出ていいですか？— はい，いいですよ．」
　　Vous pouvez sortir. の不定詞 sortir に代わるのは le です．

解　答

3 (1) ③　　(2) ②　　(3) ①　　(4) ①　　(5) ②

中性代名詞

[動詞の不定詞・文全体・属詞の形容詞・前置詞＋名詞・不特定の名詞] などをうけるものに中性代名詞があります．目的語人称代名詞と同じように肯定命令以外の文では，**動詞の前**におかれます．**性数変化**はありません．

le： 人称代名詞や定冠詞の le とはまた別の働きをします．
　1) 前文をうける．
　　　Il est malade, je **le** sais.　　彼は病気です，私はそのことを知っている．
　2) 動詞の不定詞に代る．
　　　Puis-je **sortir**?　　　　　　　出てもいいですか？
　　　— Oui, vous **le** pouvez.　　　はい，出てもいいですよ．
　3) 属詞の形容詞に代る．
　　　Vous êtes **contente**?　　　　あなたは満足していますか？
　　　— Oui, je **le** suis.　　　　　　はい，私は満足しています．

y: 原則として「もの」をうけます.

1) ［à, en, dans, chez, などの**場所を表す前置詞＋名詞**］に代る.

    Allez-vous **à Rome**?   あなたはローマに行きますか？
    — Oui, j'**y** vais.   はい，私はローマに行きます．

2) 動詞の補語の［**à＋名詞**］に代る.

    Tu penses **à tes examens**?   きみは試験のことを考えているか？
    — Oui, j'**y** pense.   はい，私はそのことを考えている．

en:

1) と 2) の場合は原則として「もの」をうけ，
3) と 4) の場合は「ひと」や「もの」をうける．

1) ［**de＋場所を表すもの**］に代る.

    Venez-vous **de Paris**?   あなたはパリからきたのですか？
    — Oui, j'**en** viens.   はい，私はパリからきました．

2) 動詞・形容詞・名詞の補語の［**de＋名詞**］に代る.

    Vous avez besoin **de ce dictionnaire**? この辞書が必要ですか？
    — Oui, j'**en** ai besoin.   はい，必要です．

3) ［**不定冠詞・部分冠詞＋名詞**］に代る.

    Voulez-vous **du vin**?   Il y **en** a encore.
      ワインはいかがですか？ まだありますよ．

4) ［**数量を示す形容詞・副詞＋名詞**］の 名詞 に代る.

    Combien de frères as-tu?   兄弟は何人いますか？
    — J'**en** ai trois.   3人です．(trois **frères**)

所有代名詞

定冠詞とともに用いられ，「誰々のそれ」といった意味を表します．

    ex. ta voiture et **la mienne**   きみの車と私のもの（車）

所有形容詞と同じように**性数変化**します．

私のもの	le mien les miens	la mienne les miennes
きみのもの	le tien les tiens	la tienne les tiennes
彼(彼女)のもの	le sien les siens	la sienne les siennes
私たちのもの	le nôtre les nôtres	la nôtre les nôtres
きみたちのもの あなた(たち)のもの	le vôtre les vôtres	la vôtre les vôtres
彼ら(彼女ら)のもの	le leur les leurs	la leur les leurs

(*cf.* 所有形容詞は p. 13)

指示代名詞 (1)

指示代名詞には性数変化するものと，しないものがあります

性数変化するもの

	男性	女性
単数	**celui**	**celle**
複数	**ceux**	**celles**

指示形容詞とおなじように「この」「その」「あの」の区別はとくにありません．遠近感を出したいときは -ci, -là をつけます．

  ex. Voici deux voitures. Je préfère **celle-ci** à **celle-là**.
    2台の車があります．私はあれよりこれのほうが好きだ．

4 《所有代名詞・指示代名詞》

(1) — C'est votre parapluie ?
　　— Non, ce n'est pas le (　　).

　　① vôtre　　　② mien　　　③ sien

(2) — Vous habitez dans une belle maison.
　　— Mais notre maison est moins grande que la (　　).

　　① nôtre　　　② vôtre　　　③ mienne

(3) — Tu prends le train de treize heures ?
　　— Non, je prends (　　) de quinze heures.

　　① celui　　　② celle　　　③ ceux

(4) — Cette cravate ne me plaît pas beaucoup.
　　— Alors, tu n'aimes pas (　　)-ci ?

　　① celui　　　② celle　　　③ ceux

(5) — Tu peux venir ce soir ?
　　— (　　) dépend.

　　① Il　　　② Ce　　　③ Ça

4 所有代名詞と指示代名詞の問題です．（cf. p. 31, p. 32）

(1)「あなたの傘ですか？ — いいえ，私のではありません．」
mon parapluie＝le mien．
(2)「立派なお宅にお住まいですね． — でも，お宅ほど大きくはありません．」
votre maison＝la vôtre．
(3)「13 時の列車に乗るの？ — いや，15時のだよ．」
de で限定される名詞に代わる指示代名詞は celui/celle, ceux/celles と性数変化します．le train は男性単数名詞です．
(4)「このネクタイは気に入らないね． — それなら，こっちのほうは嫌い？」
-ci で限定される名詞に代わる指示代名詞は celui/celle, ceux/celles と性数変化します．cette cravate は女性単数名詞です．
(5)「今夜，来られますか？ — 場合によります．」
はっきりした性数をもつ名詞にではなく，漠然とした事柄に代わる指示代名詞は ça, cela です．会話では ça，文章では cela が使われます．

解 答

4 (1) ②   (2) ②   (3) ①   (4) ②   (5) ③

指示代名詞（2）

性数変化しないもの

cela / ceci： 単独では「この」「その」「あの」の区別はとくにありません．同時に使われると遠近の差がでてきます．
　　　ex. **Ceci** est une pêche, **cela** est une prune.
　　　　　これがモモで，あれがスモモだ．
ça： 会話では cela (ceci) の代わりに使います．
　　　ex. **Ça** va? 元気？
ce： être の主語．C'est 〜．これは〜です．
　　　ex. **C'est** ma voiture.　（これは）私の車です．

(cf. 指示形容詞は p. 16)

総合練習問題 （解答は p. 39）

次の対話 (1)〜(20) の（　）内に入れるのに最も適切なものを，それぞれ ①〜③ のなかから一つずつ選び，解答欄のその番号にマークしてください．

(1)　— Il y a encore du café.
　　　　— J'(　) reprendrai !
　　　　① on　　　　　② en　　　　　③ y

(2)　— Tu n'aimes pas la bière ?
　　　　— Si, j'adore (　).
　　　　① ça　　　　　② ce　　　　　③ la

(3)　— Vous prenez un peu plus de vin ?
　　　　— Non, je (　) remercie.
　　　　① me　　　　　② vous　　　　③ le

(4)　— Si on allait déjeuner dans un café ?
　　　　— D'accord, allons (　) asseoir à la terrasse là-bas !
　　　　① m'　　　　　② s'　　　　　③ nous

(5)　— Tu connais un bon restaurant près d'ici ?
　　　　— Oui, mais il y (　) a deux.
　　　　① en　　　　　② lui　　　　　③ l'

(6)　— Qu'est-ce que vous (　) pensez, ce film ?
　　　　— C'est magnifique.
　　　　① en　　　　　② le　　　　　③ y

(7) — Voulez-vous danser avec moi?
— Laissez-( ) tranquille.
① je ② me ③ moi

(8) — On peut ( ) voir quand?
— N'importe quand.
① me ② te ③ se

(9) — Il faut composter votre billet.
— Composter, qu'est-ce que ( ) veut dire?
① ça ② ce ③ il

(10) — Nous allons visiter Paris cet hiver.
— Ah, bon? Alors il faut que vous ( ) restiez au moins quinze jours.
① en ② le ③ y

(11) — Vous êtes Monsieur Dupont?
— Oui, c'est ( ).
① ça ② ce ③ il

(12) — Vient-il du village?
— Oui, il ( ) habite toujours.
① en ② le ③ y

(13) — Vous aimez Pierre?
— Oui, je vais me marier avec ( ).
① lui ② moi ③ le

(14) — J'ai de la fièvre.
　　　— Il ( ) faut consulter le médecin.
　　　① en　　　② te　　　③ le

(15) — J'ai oublié ton numéro de téléphone.
　　　— Je vais te ( ) écrire.
　　　① m'　　　② l'　　　③ t'

(16) — Avez-vous été à Bordeaux ?
　　　— Bien sûr ! J'( ) viens.
　　　① on　　　② en　　　③ y

(17) — Tes parents sont riches ?
　　　— Ils ne ( ) sont pas.
　　　① ce　　　② le　　　③ les

(18) — Comment trouves-tu Paul ?
　　　— Il ne pense qu'à ( ).
　　　① il　　　② le　　　③ lui

(19) — Vous avez trouvé votre malle ?
　　　— Oui, mais je n'( ) ai pas la clef.
　　　① en　　　② le　　　③ y

(20) — Allons, décidez-vous !
　　　— Bien, elle et moi, on ( ) est décidé enfin.
　　　① m'　　　② s'　　　③ nous

(1)「まだコーヒーがあります．— いただきます．」
　　　　du café → en.
(2)「ビールは好きじゃないの？— いいえ，大好きです．」
　la bière の代名詞は la となるはずですが，位置に注目してください．動詞の後の場合は ça です．
(3)「ワインをもう少しいかがですか？— いいえ，結構です．」
　「ありがとう，でも結構です」と断る場合，remercier は「ひと」を直接目的にとります．
(4)「カフェで昼食にしませんか？— いいですよ，そこのテラスに座りましょう．」
　《si＋半過去》は仮定を表す以外に，**主節なしで勧誘・願望**を表します．s'asseoir は代名動詞ですから，再帰代名詞の部分は主語と同一の 2 人称複数形＝nous になります．
(5)「この近く美味しいレストランを知りませんか？— ええ，でも 2 軒あります．」
　deux restaurants＝数量＋名詞 の名詞部分に代わるのは中性代名詞の en．
(6)「どう思います？　この映画．— 素晴らしい．」
　de ce film＝de＋名詞 に代わるのは中性代名詞の en．代名詞が名詞に先行しています．
(7)「わたしと踊りませんか？— そっとしておいて．」
　laisser *qn*＋〜（属詞）→「人を〜の状態にしておく」肯定命令の場合，人称代名詞は動詞の後に置かれ，強勢形になる．
(8)「いつ会えますか？— いつでも．」
　se voir の主語が on なので，3 人称単数で活用させます．
(9)「切符を自動改札機に通さなければいけません．— 自動改札，どういう意味ですか？」
　ce は c'est 以外の主語にはなれません．il だと qu' にならなければなりません．
(10)「私たちはこの冬，パリに行きます．— そうですか．それでは，（あなたがたはそこに）最低 2 週間は滞在しなければいけませんよ．」
　《il faut que＋接続法》「〜しなければならない」rester à Paris の à Paris に代わるのは y です．
(11)「あなたはデュポンさんですか？— はいそうです．」

C'est ça.「はいそうです」という表現を覚えておきましょう．
(12)「彼はその村の出身ですか？ — はい，彼はいまもそこに住んでいます．」
　　y は「そこに」
(13)「あなたはピエールが好きですか？ — はい彼と結婚します．」
　　前置詞 (avec) の後の人称代名詞は強勢形です．
(14)「熱があります． — 医者にみてもらわなくては．」
　　il faut の後の不定詞の主語は人称代名詞の間接目的で示します．
(15)「きみの電話番号を忘れてしまった． — 書いてあげます．」
　　「きみにそれを書く」のですから，直接目的語になります．
(16)「ボルドーに行ったことがありますか？ — もちろんです，そこの出身です．」
　　en は「そこから」
(17)「きみの親は金持ちかい？ — いやそうじゃない．」
　　属詞に代わるのは中性代名詞の le です．
(18)「ポールのこと，どう思う？ — 彼は自分のことしか考えない．」
　　ne ... que ~ は「~しか...でない」**penser à ~**「~のことを考える」
前置詞 à の後の人称代名詞は強勢形です．
(19)「自分のトランクが見つかりましたか？ — はい，でもそれの鍵がありません．」
　　la clef de cette malle の de cette malle に代わる中性代名詞は en です．
(20)「さあ，決めてください． — 彼女もぼくもやっと決めました．」
　　「わたしたち」という意味の on ですが，再帰代名詞は se (s') になります．

```
┌─ 解 答 ─────────────────────────────────────┐
│  (1) ②    (2) ①    (3) ②    (4) ③    (5) ①  │
│  (6) ①    (7) ③    (8) ③    (9) ①    (10) ③ │
│  (11) ①   (12) ③   (13) ①   (14) ②   (15) ② │
│  (16) ②   (17) ②   (18) ③   (19) ①   (20) ② │
└─────────────────────────────────────────────┘
```

国名・〜語・〜人

	国 名（〜で） 〜語	形 容 詞 〜人
日 本	le Japon(au) le japonais	japonais(e)(s) Japonais(e)(s)
フランス	la France(en) le français	français(e)(s) Français(e)(s)
イギリス	l'Angleterre(en) l'anglais	anglais(e)(s) Anglais(e)(s)
ドイツ	l'Allemagne(en) l'allemand	allemand(e)(s) Allemand(e)(s)
イタリア	l'Italie(en) l'italien	italien(ne)(s) Italien(ne)(s)
中 国	la Chine(en) le chinois	chinois(e)(s) Chinois(e)(s)
アメリカ合衆国	les États-Unis(aux) l'américain(e)(s)	américain(e)(s) Américain(e)(s)

＊小文字で始まる男性単数形に定冠詞を付けると，国語名を表す．
＊形容詞の頭文字を大文字にして，定冠詞・不定冠詞・数形容詞などをつけると国民を表す．

前置詞について

	〜の国では(に)	de と結び付くとき
男性名詞の国	à＋le＝au (Japon)	de＋le＝du (Japon)
女性名詞の国	en (France)	de (France)

（女性名詞の国の場合，定冠詞が落ちることに注意．）

問題 3　対話文

　【問題 3】は**AとBの対話を完成させる**問題です．疑問詞に導かれるタイプの疑問文と，Oui か Non かで答える単純疑問とを区別し，問いかけの意味を把握しましょう．さまざまな種類の疑問詞を整理して，それぞれの使い方を正確に覚えておくと，このような問題が出ても迷うことがないでしょう．また，会話の自然な流れをとらえられるように，状況に応じた言い回しを覚えていくことも大切です．

....

　まず疑問文についてチェックしておきましょう．

疑問文の 3 つの作り方

　疑問文の作り方には 3 種類があります．「君はコーヒーが好きですか？」で考えてみましょう．

1) **イントネーション**で，つまり語尾を上げます．会話でよく使われます．
　　　Tu aimes le café ?

2) **文頭に est-ce que** をつける．母音の前では est-ce qu' になります．主語と動詞は倒置しません．
　　　Est-ce que tu aimes le café ?

3) **主語と動詞を倒置**させて
　・主語が代名詞の場合は，主語と動詞を倒置して《-》をはさみます．
　　　Aimes-tu le café ?
　・主語が代名詞でない場合は，主語を一度代名詞に置き換えて，その代名詞と動詞を倒置させます．
　　　Pierre aime-t-il le café ?　ピエールはコーヒーが好きですか？

疑問代名詞

疑問代名詞は「誰」とか「何」という疑問を表し，主語や直接目的・属詞となります．

1) **主語**

    Qui est-ce qui vous cherche ? / **Qui** vous cherche ?
    誰があなたを探しているのですか？

    Qu'est-ce qui vous arrive ?
    どうしたんですか（何があなたに起こったのですか）？

2) **直接目的語**

    Qui est-ce que vous cherchez ?/ **Qui** cherchez-vous ?
    あなたは誰を探しているのですか？

    Qu'est-ce que vous cherchez ? / **Que** cherchez-vous ?
    あなたは何を探しているのですか？

「誰を」「何を」の Qui, Que だけの構文では動詞と主語が倒置されます．会話では倒置しない形の方をよく使います．

3) **属詞**

    Qui est-ce ? / C'est **qui** ?　　　　これは誰ですか？
    Qu'est-ce que c'est ? / C'est **quoi** ? これは何ですか？

4) **前置詞をともなう**：「ひと」は《前置詞＋qui》，「もの」は《前置詞＋quoi》

    Avec qui partez-vous ?　　　　あなたは誰と出かけるのですか？
    De quoi parlez-vous ?　　　　あなたは何について話しているのですか？

例題

次の (1)～(4) の **A** と **B** の対話を完成させてください．**B** の下線部に入れるのに最も適切なものを，それぞれ ①～③ のなかから一つずつ選び，解答欄のその番号にマークしてください．

(1) **A**: Bonjour, monsieur. Qu'est-ce que je peux faire pour vous?
   B: _____
   A: Dans quel quartier, monsieur?
      ① Je cherche une jolie cravate.
      ② Je cherche un studio.
      ③ Voilà mon studio.

(2) **A**: Demain, c'est l'anniversaire de Marie.
   B: _____
   A: Non, elle n'aime pas lire.
      ① Bon, je vais lui offrir des fleurs.
      ② Quelle surprise!
      ③ Qu'est-ce qu'elle veut? Des livres?

(3) **A**: Regarde. Il y a une photo de Cédric!
   B: _____
   A: Mon cousin Cédric!
      ① Cédric? Qui est-ce?
      ② Je n'ai pas de photos.
      ③ Tu as d'autres photos?

(4) **A**: Tu aimes le chocolat?
   B: _____
   A: Alors, je te donne cette boîte de chocolats.
      ① Je n'en suis pas très fier.
      ② Oui, j'adore ça.
      ③ Oui, mais le docteur me l'a interdit.

(1) **A** の問いかけ「いらっしゃいませ，何かご用でしょうか（私はあなたのために何をすることができますか）？」は，店の人が客に向かって言う決まり文句です．それに対する **B** の応答を次の 3 つから選びます．
①「きれいなネクタイを探しています．」
②「ワンルームマンションを探しています．」
③「これがわたしのワンルームマンションです．」
　B の返答を受けて **A** は「どの地区にですか？」と応じていますから，不動産屋での会話とわかります．疑問代名詞 Qu'est-ce que, 疑問形容詞 quel の用法を確認しましょう．「買い物で使う表現」(p. 252, 253) も参照してください．

(2) **A** の「明日はマリーの誕生日だ．」を受けて，**B** が質問しています．
①「では彼女に花をあげましょう．」
②「それは驚いた．」
③「彼女は何が欲しいのかな，本かな？」
　それに対する答えが **A**「いや，彼女は読書は好きじゃない．」です．lire「読書する」と livres「本」の意味を結びつけることができれば，問題は解けます．

(3) **A**「見て．セドリックの写真がある．」を受けて，**B** が質問します．
①「セドリックって誰？」
②「私は写真はもっていない．」
③「他の写真ももっているの？」
　それに対し **A**「わたしの従兄弟のセドリックよ．」というやりとりになっています．ここでは疑問文 Qui est-ce? が鍵です．

(4) **A**「チョコレートは好き？」は単純疑問ですから，答えに Oui か Non を要求します．
①「私はそれをあまり自慢してはいない．」
②「ええ，大好きよ．」
③「ええ，でもお医者さんに止められたの．」（「医者が私にそれを禁じた」interdire の複合過去）．
　それに対し **A** は「じゃ，このチョコレートをあげよう．」と応じています．

解　答

(1) ②　　(2) ③　　(3) ①　　(4) ②

まず2つの文で構成される基本的な応答文を練習してみましょう．

練習問題

1 《単純疑問文》
( ) のなかに入る適当な語を ①〜③ のなかから選んでください．

(1) — Tu aimes le cinéma?
　　— ( ), j'aime beaucoup ça.
　　① Non　　　② Oui　　　③ Si

(2) — Avez-vous des cigarettes?
　　— ( ), je n'en ai pas.
　　① Non　　　② Oui　　　③ Si

(3) — ( ) tu es libre ce soir?
　　— Non, je suis occupé.
　　① Est-ce　　② Est-ce que　　③ Qu'est-ce que

(4) — ( ) elle est étudiante?
　　— Non, elle travaille dans une banque.
　　① Est-ce que　② Est-ce qu'　③ Qu'est-ce qu'

(5) — Votre frère habite-t-( ) chez vos parents?
　　— Non, il habite seul à Paris.
　　① il　　　② ils　　　③ vous

(6) — As-tu été à Paris?
　　— ( ), j'y vais trois fois par an.
　　① Non　　　② Oui　　　③ Si

(7) — Est-il aimé de ses enfants?
　　— ( ), lui aussi, il aime ses enfants.
　　① Non　　　② Oui　　　③ Si

(8) — Il ne parle pas le français?
　　— ( ), il le parle très bien.
　　① Non　　　② Oui　　　③ Si

1 疑問詞のない**単純疑問**の問題です．

質問に対する答えの基本は，oui, si, non になります．

質問 ↓	肯定 ↓	肯定 ↓	否定 ↓	否定 ↓
答え	肯定 **oui**	否定 **non**	肯定 **si**	否定 **non**

問題文の意味と解答は次のとおりです．

(1) 「映画は好き？— はい，とっても．」
  イントネーションでつくる単純疑問文です．肯定疑問に肯定の答えです．
(2) 「タバコをもっていますか？— もっていません．」
  肯定疑問に否定の答えです．
(3) 「今夜，暇？— いや，忙しい．」
  est-ce que を使った疑問文です．
(4) 「彼女は学生ですか？— いいえ，銀行で働いています．」
  est-ce que を使った疑問文ですが，elle があとにきていますから，母音に続くことで，qu' となります．
(5) 「あなたのお兄(弟)さんはご両親の家に住んでいますか？— いいえ，パリで一人暮らしです．」
  名詞主語を倒置する場合は代名詞を加えて，それを倒置します．
(6) 「パリに行ったことがありますか？— ええ，年に 3 回行っています．」
(7) 「彼は子供たちに愛されていますか？— はい，彼も子供たちを愛しています．」
  受動態の疑問文です．
(8) 「彼はフランス語を話さないのですか？— いいえ，とても上手に話します．」
  否定の質問に対する肯定の答えです．

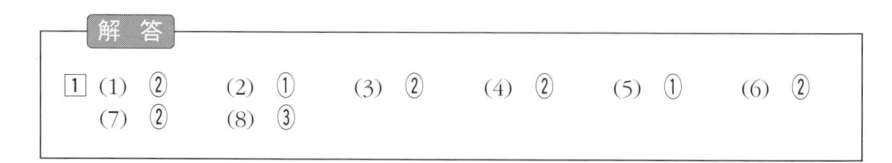

解　答

1 (1) ②　(2) ①　(3) ②　(4) ②　(5) ①　(6) ②
　(7) ②　(8) ③

2 《疑問代名詞》

（　）のなかに入る適当な疑問詞を ①〜⑧ のなかから選んでください．同じものを何度使ってもかまいません．答えが 2 つある場合もあります．なお ①〜⑧ では，文頭におくべきものも小文字にしてあります．

(1) 　(　　) je vous offre? — Du jus d'orange, s'il vous plaît.

(2) 　(　　) est-ce, cette actrice? — C'est Jeanne Moreau.

(3) 　(　　) est arrivé? — Il est arrivé un accident de voiture.

(4) 　De (　　) parlez-vous? — Je parle de ma nouvelle voiture.

(5) 　Allô! C'est de la part de (　　)? — C'est Jean.

(6) 　(　　) vient ce soir? — Il y aura Marianne et François.

(7) 　(　　) as-tu fait hier? — Hier, je suis allée faire des courses.

(8) 　(　　) tu as? — J'ai mal à la gorge.

　　① qui　② que　③ qu'　④ quoi　⑤ qui est-ce qui
　　⑥ qui est-ce que　⑦ qu'est-ce qui　⑧ qu'est-ce que

2 **疑問代名詞**の問題です．問題文の意味と解答は次のとおりです．

(1)「何をさしあげましょうか？— オレンジジュースをお願いします.」
「何を」と尋ねています．

(2)「この女優は誰ですか？— ジャンヌ・モローです.」
Qui est-ce? は暗唱しましょう．

(3)「何が起こったのですか？— 自動車事故が起きました.」
arriver は非人称（形式主語）の il とともに **il est arrivé ~** （または il arrive ~）「~が起こった」という形でよく使われます．

(4)「あなたは何のことを話しているのですか？— 私は新しい車のことについて話しています.」
parler de ~「~について話す」は，前置詞をつけて覚えておきましょう．quoi は物事，qui は人を指しますから，De qui parlez-vous? なら「あなたは誰のことを話しているのですか？」となります．

(5)「もしもし．どちらさまですか？— ジャンです.」
(cf. 電話で使う決まり文句 p. 252)

(6)「今晩，誰が来るんですか？— マリアンヌとフランソワです.」

(7)「昨日は何をしたの？— 買い物に行ったの.」
(1) (7) (8) は同じく「何を」ですが，(7) では主語と動詞が倒置されていることに気づけば，答えがでてきます．

(8)「どうしたの？— のどが痛いの.」

解　答

2 (1) ⑧　(2) ①　(3) ⑦　(4) ④　(5) ①　(6) ① または ⑤　(7) ③　(8) ⑧

3 《疑問形容詞》

次の (1)〜(8) の (　) 内に入れるべき最も適当なものを，①〜④ のなかから一つずつ選び，番号で答えてください．同じものを何度使ってもかまいません．なお ①〜④ では，文頭におくべきものも小文字にしてあります．

(1) Je cherche un pull. — Oui, de (　) couleur?

(2) (　) sports aimez-vous?

(3) Vous habitez à (　) étage? — Au troisième.

(4) (　) sont les quatre saisons de l'année?

(5) (　) surprise!

(6) Tu sais (　) âge il a?

(7) (　) est le plat du jour?

(8) À (　) heure arrive le train?

① quel　　② quelle　　③ quels　　④ quelles

3 **疑問形容詞**の問題です．
　　　疑問文の意味と解答は次のとおりです．
　　(1)「セーターがほしいんです．— はい，どんな色の？」
(2)「どんなスポーツが好きですか？」
　　sports (*m.*) を複数形で尋ねています．
(3)「何階に住んでいるのですか？— 4 階です．」
　　troisième は日本式には「4 階」
(4)「1 年の 4 つの季節は何ですか？」
　　saisons (*f. pl.*) に性数一致します．
(5)「わあ，驚いた（何という驚きだろう）．」
　　quel... はこのように感嘆文も作ります．その場合も性数をしますから，
　ここでは「驚き」surprise (*f.*) に合わせて女性単数形になります．
(6)「彼が何歳か，知ってるかい？」
(7)「今日の料理は何ですか？」
　　le plat に性数一致します．
(8)「電車は何時に着きますか？」

```
┌─ 解　答 ──────────────────────────────────────────┐
│ 3 (1) ②   (2) ③   (3) ①   (4) ④   (5) ②   (6) ① │
│   (7) ①   (8) ②                                  │
└──────────────────────────────────────────────────┘
```

疑問形容詞

　形容詞ですから，直接名詞に付く場合 (1) (3) と属詞になる場合 (2) (4) があります．それぞれの関係する名詞，主語となる名詞の性数と一致して，次のようになります．

	男性	女性
単数	**quel**	**quelle**
複数	**quels**	**quelles**

(1) **Quel** temps fait-il?　　　　　　　お天気はどうですか？
(2) **Quels** sont ces messieurs?　　　 あの方たちはどなたですか？
(3) **Quelle** heure est-il?　　　　　　 何時ですか？
(4) **Quelles** sont les quatre saisons?　四季は何ですか？

4 《疑問副詞》

次の (1)〜(8) の ( ) 内に入れるべき最も適当なものを，①〜⑤ のなかから一つずつ選び，その記号を記してください．同じものを何度使ってもかまいません．なお ①〜⑤ は，文頭におくべきものも小文字にしてあります．

(1) ( ) trouves-tu ce roman ? — C'est intéressant.

(2) ( ) est-ce que je t'attends ? — À la sortie du métro.

(3) Elle est partie ( ) ? — Hier soir.

(4) ( ) va ton ami Jacques ?
　　— Je ne sais pas．Je ne le vois plus.

(5) Je vous dois ( ) ? — 12 euros, s'il vous plaît.

(6) D'( ) venez-vous ? — De Kyoto.

(7) ( ) tu ne sors pas ce soir ? — Parce que j'ai du travail.

(8) ( ) pesez-vous ? — 60 kg.

　　① pourquoi　② comment　③ où　④ quand　⑤ combien

52　筆記試験問題

4　疑問副詞の問題です.
　文頭にこれらの疑問副詞がくると，(1)(4)(6)(8)のように動詞と主語が倒置されるのが文法的には正しい形です．しかし倒置すると発音しにくいので，会話では (3)(5) のように疑問副詞を文のうしろにもってくるか，(7) のように倒置しないこともあります．また，(2) の Où est-ce que や Quand est-ce que… など，《疑問副詞＋est-ce que》の形もよく使われ，動詞と主語を倒置しません．全文の意味と解答は次のとおりです．
(1)「あなたはこの小説をどう思いますか？— 面白いです．」
　　trouver 物／人＋属詞 で「～のことを…だと思う」という構文．
　comment は手段・様態を尋ねる疑問副詞です．
(2)「どこできみを待とうか？— 地下鉄の出口のところで．」
(3)「彼女はいつ出発したの？— 昨日の夜．」
(4)「ボーイフレンドのジャックは元気？— さあ，知らない．もう会ってないの．」
(5)「いくらですか？— 12 ユーロお願いします．」
　　combien は数・値段を尋ねます．
(6)「どこから来たのですか（出身はどちらですか）？— 京都からです．」
　　de＋où で「どこから」
(7)「なぜ今晩出かけないの？— 仕事があるから．」
　　理由を尋ねる疑問副詞 pourquoi「なぜ～」は，それに応じる parce que「なぜなら～」と対にして覚えておきましょう．
(8)「体重は何キロいくらですか？— 60 キロです．」
　　身長を尋ねる場合は Combien mesurez-vous? といいます．

解　答

4　(1) ②　(2) ③　(3) ④　(4) ②　(5) ⑤　(6) ③　(7) ①　(8) ⑤

疑問副詞

疑問副詞は動詞，形容詞，副詞，文について何か説明を求めるときに使われます．つぎの 5 つの疑問副詞があります．

数量	combien	Ça fait **combien**?	いくらですか？
手段・様態	comment	**Comment** trouves-tu ça?	それをどう思う？
時間	quand	**Quand** partez-vous?	いつ出発しますか？
場所	où	**Où** est-il?	彼はどこにいますか？
理由	pourquoi	**Pourquoi** pleure-t-elle?	なぜ彼女は泣いているのですか？

総合練習問題 (解答は p. 59)

次の (1)〜(16) の **A** と **B** の対話を完成させてください。**B** の下線部に入れるのに最も適切なものを，それぞれ ①〜③ のなかから一つずつ選び，解答欄のその番号にマークしてください．

(1) **A**: J'ai réservé une table.

　　B: ＿＿＿＿＿＿

　　A: Je m'appelle Paul Dupont.

　　　　① Oui, quel est votre nom?
　　　　② Oui, quel est votre parapluie?
　　　　③ Oui, quelle est votre nationalité?

(2) **A**: Voilà mon frère Jacques.

　　B: ＿＿＿＿＿＿

　　A: Il est photographe.

　　　　① Qu'est-ce qu'il fait?
　　　　② Qu'est-ce que c'est?
　　　　③ Qui est-ce?

(3) **A**: Quel genre de musique aimez-vous?

　　B: ＿＿＿＿＿＿

　　A: Moi, je préfère le jazz.

　　　　① J'adore la musique.
　　　　② La musique classique, et vous?
　　　　③ Vous êtes chanteur?

(4) **A**: J'ai un peu mal à l'estomac ce matin.

　　B: ＿＿＿＿＿＿

　　A: Si, je mange bien.

　　　　① Tu as bien dormi?
　　　　② Tu n'as pas d'appétit?
　　　　③ Tu n'as pas chaud?

(5) **A**: Allô, est-ce que Jacqueline est là?

　　B: _____

　　A: Alors, je peux laisser un message?

　　　　① Elle vient de sortir.
　　　　② Ne quittez pas.
　　　　③ C'est de la part de qui?

(6) **A**: Rendez-vous à dix-sept heures, devant le cinéma, d'accord?

　　B: _____

　　A: Alors, à dix-huit heures.

　　　　① Non, c'est trop tard.
　　　　② Non, c'est trop tôt.
　　　　③ Non, c'est trop loin.

(7) **A**: Il faut partir tout de suite.

　　B: _____

　　A: Parce que le dernier métro va partir.

　　　　① Quel temps fait-il?
　　　　② Pourquoi partez-vous si vite?
　　　　③ Comment va-t-il?

(8) **A**: J'ai vu un nouveau film de Besson.

　　B: _____

　　A: C'était super.

　　　　① Quel est son titre?
　　　　② Comment trouves-tu ce film?
　　　　③ Qu'est-ce que c'est?

(9) **A** : Madame, où se trouve la gare, s'il vous plaît?

B : _____

A : Merci, c'est très gentil.

    ① Je ne suis pas d'ici.

    ② Je ne sais pas.

    ③ Je vous accompagne?

(10) **A** : Tu ne sors pas ce soir?

B : _____

A : Ah bon, va-t-il bien?

    ① Non, je vais aller au concert.

    ② Oui, je vais rester à la maison.

    ③ Si, j'ai rendez-vous avec Luc.

(11) **A** : Je viens juste d'arriver.

B : _____

A : Je partirai à la fin du mois.

    ① Depuis quand es-tu à Paris?

    ② Quand est-ce que tu es arrivé à Paris?

    ③ Tu vas rester à Paris jusqu'à quand?

(12) **A** : Tu as l'air fatiguée.

B : _____

A : Repose-toi bien.

    ① Oui, je viens de finir mes examens.

    ② Oui, j'ai bien dormi.

    ③ Oui, je vais très bien.

(13) **A** : Je vais à la fac à bicyclette.

    B : _____

    A : À peu près 30 minutes.

        ① Comment vas-tu à la fac ?

        ② Tu mets combien de temps pour y aller ?

        ③ Quand est-ce que tu rentres chez toi ?

(14) **A** : Veux-tu répondre en e-mail ?

    B : _____

    A : Je te l'ai écrite il y a huit jours.

        ① Quelle est ton adresse ?

        ② Quel jour est-ce aujourd'hui ?

        ③ Quel temps fait-il ?

(15) **A** : Que fais-tu ?

    B : _____

    A : Il était dans le bureau.

        ① Il n'est pas là.

        ② Je cherche Maurice.

        ③ Je fais du tennis.

(16) **A** : Voulez-vous encore du vin ?

    B : _____

    A : Alors, prenons du café.

        ① Non merci, j'ai assez bu.

        ② Oui, je veux bien.

        ③ Non merci, j'ai faim.

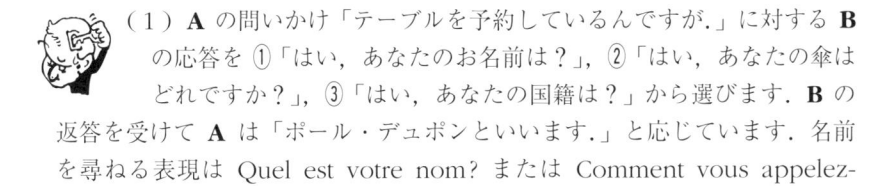

(1) **A** の問いかけ「テーブルを予約しているんですが.」に対する **B** の応答を ①「はい,あなたのお名前は？」,②「はい,あなたの傘はどれですか？」,③「はい,あなたの国籍は？」から選びます. **B** の返答を受けて **A** は「ポール・デュポンといいます.」と応じています. 名前を尋ねる表現は Quel est votre nom? または Comment vous appelez-vous? です.

(2) 「あれは私の兄弟のジャックです.」に対し,①「彼の職業は？」,②「それは何ですか？」,③「それは誰ですか？」から選びます. **A** は「カメラマンですよ.」と応じています. 職業を尋ねる表現は Quelle est sa profession? または Qu'est-ce qu'il fait?「何をしていますか？」です. comme métier「職業として」を補って Qu'est-ce qu'il fait comme métier? と言えば, より明確な質問になります.

....

「職業」名詞

- architecte　　　　　　建築家
- agriculteur (agricultrice)　農業経営者
- cadre　　　　　　　　管理職
- chauffeur　　　　　　運転手
- commerçant(e)　　　　商人
- employé(e) d'une entreprise　会社員
- femme de ménage　　　家政婦
- homme d'affaires　　　実業家
- ingénieur　　　　　　技師
- médecin　　　　　　　医者
- ouvrier(ère)　　　　　労働者
- photographe　　　　　カメラマン
- salarié(e)　　　　　　サラリーマン
- styliste　　　　　　　デザイナー
- acteur (actrice)　　　俳優
- avocat(e)　　　　　　弁護士
- chanteur (chanteuse)　歌手
- coiffeur (coiffeuse)　　美容師
- écrivain　　　　　　　作家
- étudiant(e)　　　　　学生
- fonctionnaire　　　　公務員
- infirmier(ère)　　　　看護士(婦)
- journaliste　　　　　ジャーナリスト
- ménagère　　　　　　主婦
- peintre　　　　　　　画家
- professeur　　　　　教師
- secrétaire　　　　　秘書
- vendeur (vendeuse)　店員

（3）「どんなジャンルの音楽が好きですか？」に対し，①「音楽は大好きです．」②「クラシック音楽です．あなたは？」③「あなたは歌手ですか？」から選びます．A は「私はジャズが好きです．」と応じています．

（4）「今朝はちょっと胃が痛いんだ．」に対し，①「よく寝られたの？」②「食欲がないの？」③「暑くないの？」から選びます．A は「いや，よく食べているよ．」と応じています．Si は否定疑問に対する肯定の返答です．

（5）「もしもし，ジャクリーヌはいますか？」に対し，①「いま出かけたところです．」②「そのままお待ちください．」③「どちらさまですか？」から選びます．A は「では，伝言をお願いできますか？」と応じています．p. 252 のコラム「電話での表現」を参照してください．

（6）「17 時に映画館の前で待ち合わせでどう？」に対し，①「いや，遅すぎます．」②「いや，早すぎます．」③「いや，遠すぎます．」から選びます．A は「じゃあ，18 時でどう？」と応じています．

（7）A の意思表示「すぐ出なければ．」に対する B の応答を ①「どんな天気ですか？」②「どうしてそんなに急いで出るのですか？」③「彼は元気ですか？」から選びます．B の返答を受けて A は「最終の地下鉄がもうすぐ出るから．」と理由を述べています．理由・原因を尋ねる応答 Pourquoi — Parce que を忘れないように．

（8）「ベッソン監督の新作映画を見ました．」に対し，①「何という題名？」②「それについてどう思いますか？」③「それは何ですか？」から選びます．A は「素晴らしかった．」と応じています．評価を求める表現は Comment trouves-tu ce film? または Que penses-tu de ce film? です．

（9）「駅はどちらでしょうか？」に対し，①「このあたりの者ではないので．」，②「知りません．」，③「いっしょに行きましょうか？」から選びます．A は「ご親切にどうも．」と応じています．

（10）「今晩外出しないの？」に対し，①「いや，コンサートに行く．」，②「ええ，家にいます．」，③「いや，リュックと会う約束がある．」から選びます．A は「あ，そう，彼は元気？」と応じています．Si は否定疑問に対する肯定の返答です．

（11）「ちょうど着いたところだ．」に対し，①「いつからパリにいるの？」，②「いつパリに着いたの？」，③「パリにはいつまでいるの？」から選びます．A は「月末に出発します．」と応じています．

(12) **A** の「疲れてる様子ね．」に対する **B** の答は①「はい，試験を終えたばかりです．」，②「はい，よく眠った．」，③「はい，元気です．」から選びます．**B** の答を聞いて **A** は「よく休んで．」と応じています．代名動詞の命令形 Repose-toi に注意してください．

(13) 「わたしは大学に自転車で行きます．」に対し，①「大学にはどうやって行くの？」，②「何分かかる？」，③「家にはいつ帰るの？」から選びます．**A** は「30 分くらい．」と答えています．時間の長さを尋ねる表現は combien de temps です．

(14) 「メールで返事をくれる？」という要求に対し，①「アドレスは？」，②「今日は何曜日？」，③「どんな天気？」と聞き返しています．**A** は「1 週間前に書いてあげたじゃない．」と応じています．

(15) 「何してるの？」に対し，①「彼はいません．」，②「モーリスを探してます．」，③「テニスをしてる．」から選びます．**A** は「彼なら事務所にいたよ．」と応じています．

(16) 「もっとワインはいかが？」に対し，①「いや結構です，十分飲みました．」，②「はい，ください．」，③「いや結構です，お腹がすいています．」から選びます．**A** は「じゃあ，コーヒーを飲みましょう．」と応じています．

解 答

(1) ①	(2) ①	(3) ②	(4) ②	(5) ①	(6) ②
(7) ②	(8) ②	(9) ③	(10) ③	(11) ③	(12) ①
(13) ②	(14) ①	(15) ②	(16) ①		

問題 4　動詞の活用

　【問題 4】で 4 級の試験に出題される**動詞**のかたちは**不定詞**，**命令法**，**直説法の現在**，**複合過去**，**半過去**，**単純未来**と**条件法現在**，**ジェロンディフ**です．それぞれの基本を確認しておきましょう．

【出題されている時制と叙法】
　直説法現在
　直説法単純未来
　直説法複合過去
　直説法半過去
　条件法現在
　ジェロンディフ
　命令法

【叙法と時制】
叙法：フランス語には 4 つの叙法「**直説法**」「**条件法**」「**接続法**」「**命令法**」があります．それぞれ，話の内容が，現実のもの・仮定のもの・主観的なもの（疑い，願望，意志など）・命令を表します．
時制：「直説法」「条件法」「接続法」には，**過去や現在**，**未来**の変化（活用）があり，それを時制といいます．

　4 級の筆記試験問題では，動詞の活用が，次にあげた例題のような形で出題されています．日本語の文意にそって，フランス語の文の動詞を 3 つの選択肢から選びます．

　ここでは**まず例題を解き**，つぎに**時制別に問題を解いて**，その基本的な理解を固めます．動詞の叙法と時制，それぞれのニュアンスの違いをしっかり把握することが大切です．そして，主な動詞の変化は覚えてしまいましょう．4 級では綴りを書かせる問題は出ていませんが，書けるようにしておくといいでしょう．

―― 例題 1 ――

次の日本語の文 (1)〜(5) の下には，それぞれ対応するフランス語の文が記されています．（　）内に入れるのに最も適切なものを，それぞれ ①〜③ のなかから一つずつ選び，解答欄のその番号にマークしてください．

(1)　彼らは先週自動車事故にあった．
　　　Ils (　) un accident de voiture la semaine dernière.
　　　① auront　　　② ont　　　③ ont eu

(2)　今晩私に電話してくれますか．
　　　Vous (　) me téléphoner ce soir?
　　　① allez　　　② vais　　　③ vas

(3)　15 歳のときに母が亡くなった．
　　　J'(　) 15 ans quand ma mère est morte.
　　　① ai　　　② ai eu　　　③ avais

(4)　タクシーに乗れば，列車に間に合いますよ．
　　　En (　) un taxi, vous ne manquerez pas le train.
　　　① prenant　　　② prendre　　　③ pris

(5)　私の車をお貸ししますよ．
　　　Je peux vous (　) ma voiture.
　　　① prête　　　② prêter　　　③ prêtez

動詞の活用の問題です．よく使われる動詞は，それぞれの時制の活用を正確に覚えておきましょう．

(1) avoir un accident「事故にあう」の複合過去形．主語が ils ですから 3 人称複数形になります．
(2) 《aller＋不定詞》「〜するところだ」という近接未来の構文ですが，ここでは 2 人称で使われていますから，命令・依頼の意味になります．
(3) 「〜だった」という，過去の状態を表す時制は《半過去》です．
(4) 《en＋現在分詞 (-ant)》は《ジェロンディフ》の構文で，「〜すれば，〜しながら」の意味になります．
(5) peux＜pouvoir の後の動詞は不定詞です．

解 答

(1) ③   (2) ①   (3) ③   (4) ①   (5) ②

基本動詞とその活用形

≫ -er 動詞 ≪

〈 chant**er** (歌う) 〉

je chant**e**	nous chant**ons**
tu chant**es**	vous chant**ez**
il chant**e**	ils chant**ent**

≫ -ir 型動詞 (1) ≪

〈 fin**ir** (終わる，終える) 〉

je fin**is**	nous fin**issons**
tu fin**is**	vous fin**issez**
il fin**it**	ils fin**issent**

例題 2

次の日本語の文 (1)～(5) の下には，それぞれ対応するフランス語の文が記されています．（　）内に入れるのに最も適切なものを，それぞれ ①～③ のなかから一つずつ選び，解答欄のその番号にマークしてください．

(1) あした会いに来てください．

　　（　）me voir demain.

　　① Venez　　　　② Veniez　　　　③ Viendrez

(2) 今来たばかりです．

　　Je (　) d'arriver.

　　① venais　　　　② viens　　　　③ suis venu

(3) さあ，もう寝なさい．

　　Maintenant tu dois (　).

　　① te coucher　　② te coucheras　　③ te couches

(4) 子供がテレビを見ている間に昼食の準備をした．

　　J'ai préparé le déjeuner pendant que mes enfants (　) la télévision.

　　① ont regardé　　② regardaient　　③ regardent

(5) 自己紹介してください．

　　（　), s'il vous plaît.

　　① Présentez-vous　　② Se présenter　　③ Vous présentez

よく使われる動詞は，それぞれの時制の活用を正確に覚えておきましょう．

(1) 動詞は venir．主語がありませんから，命令形です．(*cf.* p. 80)
(2) 《venir de＋不定詞》「～したばかりだ」という近接過去の構文です．
(3) 動詞 devoir「～しなければならない」の後には動詞の不定詞がきます．代名動詞が後にきた場合，se は主語に一致するので，ここでは te coucher となります．
(4) pendant que ～「～していた間に」ですから，直説法半過去が用いられます．
(5) 代名動詞 se présenter の命令形．代名動詞は se の変化とともに，位置にも注意しましょう．肯定命令では動詞のうしろにきます．

解　答

(1) ①　　(2) ②　　(3) ①　　(4) ②　　(5) ①

4級で覚えておきたい -er 動詞

☐ aimer	愛する	☐ jouer	遊ぶ
☐ arriver	到着する	☐ parler	話す
☐ chercher	探す	☐ passer	過ごす
☐ chanter	歌う	☐ penser	考える
☐ demander	尋ねる	☐ regarder	見る
☐ dîner	夕食を食べる	☐ rentrer	帰る
☐ entrer	入る	☐ ressembler	似ている
☐ étudier	学ぶ	☐ rester	とどまる
☐ fermer	閉める	☐ téléphoner	電話をする
☐ habiter	住む	☐ trouver	見つける
☐ inviter	招待する	☐ visiter	訪れる

練習問題 次の 1～7 で（　）のなかの動詞を活用させて，日本語の文 (1)～(7) に対応するフランス語を完成させなさい．

1 《-er 動詞・直説法現在形》

(1) 時は早く過ぎゆく．
　　　Le temps (　　) vite.　　　　　(passer)
(2) 彼らは猛勉強している．
　　　Ils (　　) dur.　　　　　　　　(travailler)
(3) わたしは鍵を探している．
　　　Je (　　) ma clef.　　　　　　　(chercher)
(4) きみは踊りがうまい．
　　　Tu (　　) bien.　　　　　　　　(danser)
(5) 私たちは森の中を歩いています．
　　　Nous (　　) dans les bois.　　　(marcher)
(6) あなたはフランス語を話しますか？
　　　Vous (　　) français?　　　　　(parler)
(7) 誰かがドアをノックしている．
　　　On (　　) à la porte.　　　　　(frapper)

（解答は p. 68）

第一群規則動詞（-er 動詞）はフランス語の動詞の中で最も多いものです．
　(1) passer は自動詞と他動詞で意味が違ってきます．
(2) travailler は「勉強する」と「働く」という 2 つの意味があります．dur も形容詞と副詞の 2 つの使い方があります，辞書で確かめてみましょう．
(3) chercher にもさまざまな意味がありますが，基本は「探す」です．
(4) danser は英語と綴り字が違うので注意してください．
(5) marcher には「作動する」などの意味もあります．
(6) parler＋言語（直接目的）で「その言語を話す」
(7) on には大きくわけて「不特定の人」あるいは「特定できる人」（私たち，彼，彼女など）を表す主語です．その中身にかかわらず，動詞は 3 人称単数の形に活用されます．

2 《-er 型動詞の特殊形・直説法現在形》

(1) 私たちは何でも食べる．
　　　Nous (　　) de tout.　　　　　　(manger)
(2) 私たちは叫び声をあげる．
　　　Nous (　　) un cri.　　　　　　　(lancer)
(3) 彼はもう何も望んでいない．
　　　Il n'(　　) plus rien.　　　　　　(espérer)
(4) 私は母に小包を送る．
　　　J'(　　) un colis à ma mère.　　　(envoyer)
(5) 心配だ，この微熱が．
　　　Ça m'(　　), cette petite fièvre.　(ennuyer)
(6) 彼女は猫を呼ぶ．
　　　Elle (　　) son chat.　　　　　　(appeler)
(7) 彼女は小石を水に投げ入れる．
　　　Elle (　　) un caillou dans l'eau.　(jeter)

(解答は p. 68)

　　基本的には -er 型の動詞のグループに属しますが，微妙に活用の綴り字が異なります．(*cf.* p. 69)
　(1) manger は 1 人称複数形が少し異なり，-ons → **eons** となります．
(2) lancer は 1 人称複数形が少し異なり，**-cons → çons** となります．
(3) espérer はアクサンの向きが違ってきます．amener, acheter などにも同じような不規則な活用が現れます．
(4) envoyer のように -yer で終わる動詞には注意してください．
(5) ennuyer も -yer で終わる動詞です．「退屈させる，困らせる」などの意味もあります．
(6) appeler のように **-eler** で終わる動詞では **-el → -ell** となる人称があります．
(7) jeter のように **-eter** で終わる動詞では **-et → -ett** となる人称があります．

3 《-ir 型動詞・直説法現在形》

(1) 私はワインを選ぶ．
　　　　Je (　　) un vin.　　　　　　　　　　　(choisir)
(2) 積極的な人間は他の人より成功する．
　　　　Les hommes entreprenants (　　) mieux que les autres.
　　　　　　　　　　　　　　　　　　　　　　　　(réussir)
(3) 私たちは自分たちで家を一軒建てます．
　　　　Nous (　　) une maison nous-même.　　　(bâtir)
(4) 年齢で髪が白くなる．
　　　　L'âge (　　) les cheveux.　　　　　　　(blanchir)
(5) 想像力が危険をふくらませる．
　　　　L'imagination (　　) les dangers.　　　(grandir)
(6) 両親の言うことを聞いていますか．
　　　　Tu (　　) à tes parents?　　　　　　　(obéir)
(7) 選ぶ前によく考えてください．
　　　　(　　) avant de choisir.　　　　　　　(réfléchir)

(解答は p. 68)

　　　第2群規則動詞とも呼ばれる -ir 型動詞の直説法現在形です．
　(1) choisir は第二群規則動詞，あるいは -ir 型の動詞といい，辞書で
　　　は finir の活用がその代表として出ています (cf. p. 62).
(2) réussir の 1，2，3 人称複数形は -ssiss- という綴りになるので注意して
　　ください．
(3) bâtir「建設する」
(4) blanchir は形容詞 blanc (blanche) から作られる動詞です．
(5) grandir は形容詞 grand から作られる動詞です．
(6) obéir à 〜「〜に従う」
(7) réfléchir の命令形（2人称複数）です．

解答

1 (1) passe (2) travaillent (3) cherche (4) danses
(5) marchons (6) parlez (7) frappe
2 (1) mangeons (2) lançons (3) espère (4) envoie
(5) ennuie (6) appelle (7) jette
3 (1) choisis (2) réussissent (3) bâtissons (4) blanchit
(5) grandit (6) obéis (7) Réfléchissez

4級で覚えておきたい -ir 動詞

- ☐ bâtir　建てる
- ☐ blanchir　白くする
- ☐ choisir　選ぶ
- ☐ finir　終える
- ☐ grandir　大きくなる
- ☐ obéir　従う
- ☐ punir　罰する
- ☐ réussir　成功する

▶ -ir 動詞 (2) ◀

〈ouvr**ir**（開ける）〉

j'ouvr**e**	nous ouvr**ons**
tu ouvr**es**	vous ouvr**ez**
il ouvr**e**	ils ouvr**ent**

このタイプで活用する動詞

- ☐ couvrir　覆う
- ☐ découvrir　発見する
- ☐ offrir　贈る

▶ -ir 動詞 (3) ◀

〈dorm**ir**（寝る）〉

je dor**s**	nous dorm**ons**
tu dor**s**	vous dorm**ez**
il dor**t**	ils dorm**ent**

このタイプで活用する動詞

- ☐ mentir　嘘をつく
- ☐ partir　出発する
- ☐ servir　奉仕する
- ☐ sortir　出る

特殊な -er 動詞

いくつかの -er 動詞は綴り字が微妙に変形するものがあります．アクサンが付いたり，子音字を重ねたり動詞によって異なりますから辞書で確かめましょう．

〈acheter（買う）〉

j'ach**è**te　　　nous achetons
tu ach**è**tes　　vous achetez
il ach**è**te　　　ils ach**è**tent

〈jeter（投げる）〉

je je**tt**e　　　nous jetons
tu je**tt**es　　vous jetez
il je**tt**e　　　ils je**tt**ent

代表的な変形 -er 動詞

☑ appeler　　　呼ぶ
☑ changer　　　変える
☑ commencer　　始める
☑ envoyer　　　送る
☑ essayer　　　試みる
☑ espérer　　　望む
☑ lever (se)　　起きる
☑ lancer　　　投げる

☑ manger　　　食べる
☑ nettoyer　　　掃除する
☑ payer　　　　払う
☑ peser　　　　（重さを）計る
☑ préférer　　　（〜の方を）好む
☑ promener (se)　散歩する
☑ voyager　　　旅行する
☑ ennuyer　　　退屈する，困らせる

（活用形は巻末の活用表で確認しておきましょう．）

4 《不規則動詞・直説法現在形》

(1) 彼は高校でフランス語を習っている．
　　　Il ( ) le français au lycée.　　　　　　(apprendre)

(2) 4 かける 5 は 20 です．
　　　Quatre fois cinq ( ) vingt.　　　　　　(faire)

(3) 彼女は靴を履く．
　　　Elle ( ) ses chaussures.　　　　　　　(mettre)

(4) わたしは通勤に地下鉄を利用している．
　　　Je ( ) le métro pour aller à mon bureau.　(prendre)

(5) 彼女は手に帽子をもっている．
　　　Elle ( ) le chapeau à la main.　　　　　(tenir)

(6) 彼らはそのニュースを知っている．
　　　Ils ( ) la nouvelle.　　　　　　　　　(savoir)

(7) きみはこのあたりをよく知っているのかい？
　　　Tu ( ) bien ce quartier?　　　　　　　(connaître)

(解答は p. 72)

　　すべて**不規則活用の動詞**ですが，使用される頻度の高いものばかりです．4 級の試験では選択肢から選ぶ形でしか出題されてません．
(1) apprendre は prendre, comprendre と同じ活用をします．
(2) 計算で「～になる」は faire を使います．主語は複数です．「4 たす 2」なら quatre et (plus) deux font six,「4 ひく 2」なら quatre moins deux font deux,「4 わる 2」なら quatre divisé par deux égale deux となります．
(3) 「着る，(身に)付ける」は mettre,「着ている」は porter です．
(4) 「乗り物に乗る」という prendre です．
(5) tenir は「つかんでもっている」という意味です．venir と同じ活用をします．
(6) 「知っている」というとき，出来事の場合は savoir を，人や物，場所には connaître を用いるのが基本です．
(7) 「(地理的な場所について) 知っている」は connaître を用いる．

主な不規則動詞 （巻末の活用形を利用して覚えましょう.）

☑ aller	行く		☑ mettre	置く
☑ apprendre	学ぶ		☑ naître	生まれる
☑ asseoir (s')	座る		☑ offrir	贈る
☑ attendre	待つ		☑ ouvrir	開ける
☑ avoir	持つ		☑ partir	出発する
☑ boire	飲む		☑ perdre	失う
☑ conduire	運転する		☑ pouvoir	できる
☑ connaître	知る		☑ prendre	取る
☑ courir	走る		☑ recevoir	受け取る
☑ descendre	降りる		☑ répondre	答える
☑ devenir	なる		☑ savoir	知る
☑ disparaître	消える		☑ servir	仕える
☑ dire	言う		☑ sortir	出る
☑ devoir	～しなければならない		☑ souvenir (se)	思い出す
☑ dormir	眠る		☑ suivre	従う
☑ écrire	書く		☑ tenir	保持する
☑ entendre	聞こえる		☑ venir	来る
☑ être	～である		☑ voir	見る
☑ faire	する		☑ vouloir	望む
☑ lire	読む		☑ vivre	生きる

代名動詞

目的人称代名詞が主語と同じ「人」や「物」を表すとき，この代名詞を含んだ動詞を代名動詞といいます．3人称は se という特別な形が用いられます．例えば，「私は子供を寝かせる」は Je couche mon enfant. → Je le couche. ですが，「自分自身を寝かせる」なら Je me couche.「私は寝る」になります．この〈me couche〉が代名動詞です．不定詞は se coucher となります．

活用形

〈**se coucher**（寝る）〉　　　　　　　否定形

je me couche　　　nous nous couchons　　　je ne me couche pas
tu te couches　　　vous vous couchez　　　倒置疑問形
il se couche　　　ils se couchent　　　se couche-t-il?

〈**s'arrêter**（止まる）〉（母音の前では se, me, te はエリジオンをします．）

je m'arrête　　　nous nous arrêtons　　　否定形：je ne m'arrête pas
tu t'arrêtes　　　vous vous arrêtez　　　倒置疑問形：s'arrête-t-il?
il s'arrête　　　ils s'arrêtent

用法

(a) **再帰的用法**：「自分自身を(に)～する」
　　　Il se couche tard.（se は直接目的）　　彼は寝るのが遅い．
　　　Je me lave les mains.（me は間接目的）　　私は手を洗う

(b) **相互的用法**（主語は常に複数）：「お互いを(に)～する」
　　　Ils s'aiment.（s' は直接目的）　　彼らは愛し合っている．
　　　Ils s'écrivent.（s' は間接目的）　　彼らは互いに手紙を書いている．

(c) **受動的用法**（主語は物．se は常に直接目的）
　　　Ce disque compact se vend bien.　　この CD は良く売れている．

(d) **本質的用法**（代名動詞としてのみ用いられる．se は常に直接目的）
　　　Ils se moquent de moi.　　彼らは私を馬鹿にする．

解　答

4　(1) apprend　(2) font　(3) met　(4) prends
　　(5) tient　(6) savent　(7) connais

5　《代名動詞・直説法現在形》

(1) 彼女の名前はポーリーヌです．
　　　Elle (　　) Pauline.　　　　　　　　　　(s'appeler)

(2) 彼らはたびたび電話をかけ合っている．
　　　Ils (　　) souvent.　　　　　　　　　　(se téléphoner)

(3) この語はもう用いられない．
　　　Ce mot ne (　　) plus.　　　　　　　　(s'employer)

(4) ポールが妹を馬鹿にしてからかう．
　　　Paul (　　) de sa sœur.　　　　　　　　(se moquer)

(5) 私には彼女の顔がよく思いだせない．
　　　Je ne (　　) pas bien sa figure.　　　　(se rappeler)

(6) 彼は子供の頃を覚えている．
　　　Il (　　) bien de son enfance.　　　　　(se souvenir)

(7) 私の母は毎朝6時に起きる．
　　　Ma mère (　　) à six heures tous les matins.　(se lever)

(解答は p. 74)

5 **代名動詞**の問題です．活用させるときに，目的語の人称代名詞（再帰代名詞）が主語と同じ人（もの）を示し，変化することに注意しましょう．

(1) s'appeler は基本的には -er 型の動詞ですが，il (elle) s'appelle となります．「自分を～と呼ぶ → 名前は～です」という意味です．「自分を～する」という再帰的な使われ方です．

(2) se téléphoner「互いに」という相互的な用法です．

(3) s'employer は「使われる」という受け身的な用法です．

(4) se moquer の se は動詞と一体化してその関係が分かりにくくなっています．このような場合，本来の代名動詞と呼ばれています．

(5) se rappeler は「(自分に)～を思い出させる → ～を思い出す」という再帰的用法です．se は間接目的．

(6) se souvenir は se rappeler と同じように「～を思い出す」という意味ですが，本来の代名動詞で目的語との間に de が入ります．se は直接目的とみなされます．

(7) se lever は se が直接目的の働きをする再帰的用法です．lever の活用形に注意しましょう．

解 答

5 (1) s'appelle　　(2) se téléphonent　　(3) s'emploie
　 (4) se moque　　(5) me rappelle　　(6) se souvient
　 (7) se lève

6 《動詞＋不定詞 (1)・直説法現在形》

(1) 明日来られますか．
    Tu (　) venir demain?　　　　　　　　(pouvoir)

(2) ジャンは今日，出発したがっている．
    Jean (　) partir aujourd'hui.　　　　　(vouloir)

(3) 彼は犬を外に出す．
    Il (　) sortir le chien.　　　　　　　　(faire)

(4) きみはそんなしゃべり方をしていけません．
    Tu ne (　) pas parler comme ça.　　　(devoir)

(5) 野菜をたくさん食べなければいけません．
    Il (　) manger beaucoup de légumes.　(falloir)

(6) 雨が降りそうだ．
    Il (　) pleuvoir.　　　　　　　　　　　(aller)

(解答は p. 78)

　これらの動詞はいずれも後に動詞の不定詞（原形）をとることができ，助動詞的な働きをします．
　(1) **pouvoir＋不定詞**「～できる」
(2) **vouloir＋不定詞**「～したい」
(3) 「～させる」使役の動詞です．
(4) **devoir＋不定詞**「～しなければならない」
(5) 「～しなければならない」という意味ですが，この動詞は必ず非人称の il が主語になります．主語の il は人や物を示しているのではなく，仮の主語，形式主語で，このほか時間，天候などを示す il もあります．このような il を非人称主語といいます．
　Il est midi.「正午です．」
　Il pleut.「雨が降る．」
(6) 近接未来の aller＋不定詞です．

7 《動詞＋不定詞 (2)・直説法現在形》

(1) 私は一人で旅行するのが好きだ．
　　J'(　　) voyager seul.　　　　　　　　(aimer)

(2) 彼女はコンサートに行きたがっている．
　　Elle (　　) aller au concert.　　　　　(désirer)

(3) 彼らはあなたの妹に会えると思っている．
　　Ils (　　) voir votre sœur.　　　　　　(espérer)

(4) 彼はいいえとはっきり言える．
　　Il (　　) dire non.　　　　　　　　　　(savoir)

(5) 彼は勉学を放棄する．
　　Il (　　) tomber ses études.　　　　　(laisser)

(6) ピエールが来るのが見えますか．
　　Vous (　　) venir Pierre?　　　　　　　(voir)

(7) フランソワーズが歌っているのが聞こえるかい？
　　Tu (　　) chanter Françoise?　　　　　(entendre)

(解答は p. 78)

　　これらの動詞も後に動詞の不定詞（原形）をとることができます．
　　(1) aimer の目的語は名詞ばかりでなく，動詞(不定詞)もあります．
　　(2) désirer の目的語も名詞ばかりでなく，動詞(不定詞)もあります．
(3) espérer には「期待する」というニュアンスがあります．
(4) savoir は pouvoir と同じように「～できる」という意味ですが，「～する見識がある，～する方法を知っている，～するのがうまい」という能力を表します．
(5) **laisser**＋名詞＋不定詞「…に～させておく」という表現です．目的語の前に不定詞が来る場合もあります．
(6) **voir**＋不定詞＋名詞「…が～するのが見える」という知覚表現です．
(7) **entendre**＋不定詞＋名詞「…が～するのが聞こえる」という知覚表現です．不定詞の前に目的語が来る場合もあります．Tu entends Françoise chanter? とも言えます．

8 《動詞＋[前置詞]＋不定詞・直説法現在形》

（　）のなかに動詞，[　]のなかに前置詞を入れなさい．

(1) 雪が降り始めた．
　　Il (　) [　] neiger.　　　　　　(commencer)
(2) まず宿題から始めなさい．
　　Tu (　) [　] faire tes devoirs.　(commencer)
(3) 彼は試験を受けるのをあきらめる．
　　Il (　) [　] passer un examen.　(renoncer)
(4) 彼はたばこを吸うのををやめない．
　　Il n'(　) pas [　] fumer.　　　　(arrêter)
(5) 彼女たちはおしゃべりをやめない．
　　Elles ne (　) pas [　] bavarder.　(finir)
(6) 彼は結局受け入れるだろう．
　　Il va (　) [　] accepter.　　　　(finir)
(7) 私は寝つかれない．
　　Je n'(　) pas [　] dormir.　　　　(arriver)

（解答は p. 78）

これらの動詞は前置詞をはさんで動詞の不定詞（原形）に続きます．
　(1) **commencer à**＋不定詞「～し始める」
　(2) **commencer par**＋不定詞「～することから始める」
(3) **renoncer à**＋不定詞「～するのをあきらめる」
(4) **arrêter de**＋不定詞「～するのを止める」．おなじ表現に，[cesser de＋不定詞] があります．
(5) **finir de**＋不定詞「～し終える」，「するのをやめる」
(6) **finir par**＋不定詞「ついに～する」という表現ですが，それに aller＋不定詞「これから～する」という近い未来の表現が重なっています．
(7) **arriver à**＋不定詞「～できるようになる」arriver には「着く」という意味だけではなく，Il arrive＋名詞, Il arrive de＋不定詞 で「～が起きる」という表現もあります．

> **解 答**
>
> 6 (1) peux　　(2) veut　　(3) fait　　(4) dois
> 　(5) faut　　(6) va
> 7 (1) aime　　(2) désire　　(3) espèrent　　(4) sait
> 　(5) laisse　　(6) voyez　　(7) entends
> 8 (1) commence à　　(2) commences par　　(3) renonce à　　(4) arrête de
> 　(5) finissent de　　(6) finir par　　(7) arrive à

動詞と動詞の結びつき

≫ 動詞＋動詞 ≪

- aimer＋不定詞　　　　　〜するのが好きだ
- aller＋不定詞　　　　　〜しようとしている，〜しに行く
- désirer＋不定詞　　　　〜したい
- entendre＋不定詞　　　〜するのを聞く
- espérer＋不定詞　　　　〜することを期待している
- laisser＋不定詞　　　　〜させておく
- savoir＋不定詞　　　　　〜できる
- souhaiter＋不定詞　　　〜することを願う
- venir＋不定詞　　　　　〜しに来る
- voir＋不定詞　　　　　　〜するのを見る

≫ 動詞＋à＋動詞 ≪

- aider à＋不定詞　　　　〜することに役立つ
- arriver à＋不定詞　　　〜できる
- avoir à＋不定詞　　　　〜しなければならない
- être à＋不定詞　　　　　〜しつつある
- chercher à＋不定詞　　〜しようと努める
- commencer à＋不定詞　〜し始める
- continuer à＋不定詞　　〜し続ける

- [ ] hésiter à＋不定詞　　　　　～するのをためらう
- [ ] renoncer à＋不定詞　　　　～するのをあきらめる
- [ ] réussir à＋不定詞　　　　　～することに成功する
- [ ] servir à＋不定詞　　　　　 ～するのに役立つ
- [ ] tenir à＋不定詞　　　　　　～することを強く望む

≫ 動詞＋de＋動詞 ≪

- [ ] arrêter de＋不定詞　　　　　～するのをやめる
- [ ] essayer de＋不定詞　　　　　～してみる
- [ ] éviter de＋不定詞　　　　　 ～するのをさける
- [ ] être en train de＋不定詞　　 ～している最中である
- [ ] finir de＋不定詞　　　　　　～するのを終わらせる
- [ ] interdire de＋不定詞　　　　 ～するのを禁止する
- [ ] ne pas manquer de＋不定詞　 間違いなく～する
- [ ] oublier de＋不定詞　　　　　～するのを忘れる
- [ ] permettre de＋不定詞　　　　～するのを許可する，可能にする
- [ ] refuser de＋不定詞　　　　　～するのを拒む
- [ ] regretter de＋不定詞　　　　 ～するのを後悔する
- [ ] rêver de＋不定詞　　　　　　～するのを夢見る
- [ ] venir de＋不定詞　　　　　　～したばかりだ

≫ 動詞＋par＋動詞 ≪

- [ ] finir par＋不定詞　　　　　　最後に～する
- [ ] commencer par＋不定詞　　　 最初に～する

命令形の作り方

直説法現在形の tu, nous, vous の活用から主語をとって作ります.

 tu chantes → chante ＊-er 動詞, aller では tu の活用語尾の -s が落ちます.
 nous chantons → chantons
 vous chantez → chantez

≫ 否定命令の形：肯定命令の動詞を **ne ～ pas** ではさみます ≪

 ne chante pas, ne chantons pas, ne chantez pas

≫ 例外の形 ≪

  avoir → aie, ayons, ayez
  être → sois, soyons, soyez
  savoir → sache, sachons, sachez
  vouloir → veuille, veuillons, veuillez

≫ 代名動詞の命令形 ≪

 tu te lèves → （肯定）lève-toi （否定）ne te lève pas

≫ 命令文で代名詞を伴う場合 ≪

 Tu me montres ces photos. 「この写真を私に見せて.」
 （肯定）Montre-moi ces photos.
 （否定）Ne me montre pas ces photos.
 ＊否定命令文での代名詞は普通の肯定文と同様に動詞の前に置きます.

9 《命令法》

( ) 内に示された動詞を命令法に活用させ，日本語の文 (1)〜(7) に対応するフランス語を完成させなさい．

(1) ドアを開けてください．
  ( ) la porte, s'il vous plaît. (ouvrir)

(2) おとなしくしなさい．
  ( ) sage. (être)

(3) このカフェに入りましょう．
  ( ) dans ce café. (entrer)

(4) 泣かないで．
  Ne ( ) pas. (pleurer)

(5) 急いでください．
  ( )-( ). (se dépêcher)

(6) 私と一緒に会合に来てください．
  ( ) avec moi à la réunion. (venir)

(7) ご安心ください，奥さん．
  N'( ) pas peur, madame. (avoir)

(解答は p. 82)

(1) 直説法現在形の tu, nous, vous の活用から主語を取った形が，それぞれの相手に対する命令法になります．ここでは vous に対する命令．
(2) **être**: sois, soyons, soyez **avoir**: aie, ayons, ayez **savoir**: sache, sachons, sachez は，例外的に命令法が直説法と異なります．
(3) 「〜しましょう」は nous に対する命令と考えます．

(4) 否定命令は動詞を ne と pas ではさみます．-er 動詞では tu の活用語尾の -s が落ちます．
(5) 代名動詞の肯定命令は，代名詞 se が変化して動詞の後にきます．否定命令の場合は語順は変わりません．
　　ex. Ne vous dépêchez pas.「急がないでください」
(6) venir の命令形．口調から vous に対する命令です．
(7) avoir peur「恐れる」．avoir の否定命令です．

> **解　答**
>
> 9 (1) Ouvrez　　　(2) Sois　　　(3) Entrons
> 　 (4) pleure　　　(5) Dépêchez-vous　(6) Venez
> 　 (7) ayez

直説法単純未来形の作り方

単純未来の活用語尾はすべての動詞に共通です．

単純未来の語尾		commencer	avoir	être
je	**-rai**	je commence**rai**	j'au**rai**	je se**rai**
tu	**-ras**	tu commence**ras**	tu au**ras**	tu se**ras**
il	**-ra**	il commence**ra**	il au**ra**	il se**ra**
nous	**-rons**	nous commence**rons**	nous au**rons**	nous se**rons**
vous	**-rez**	vous commence**rez**	vous au**rez**	vous se**rez**
ils	**-ront**	ils commence**ront**	ils au**ront**	ils se**ront**

不定詞がそのままの語幹になるものが多い．
　　commencer → commence**rai**, finir → fini**rai**, prendre → prend**rai**
しかし，avoir, être のように，特殊な語幹をとる動詞もあります．
　　aller → irai, venir → viendrai, pouvoir → pourrai, など

10 《直説法単純未来形》

　日本語の文 (1)〜(7) の下には，それぞれ，それに対応するフランス語の文があります．それらのフランス語の文を完成させるために，下の語群から適当な動詞を選び，直説法単純未来形に活用させて（　）のなかに記入しなさい．

(1)　私は家にいるつもりです．

　　　Je (　　) à la maison.

(2)　明朝，晴れれば，母と出かけるつもりです．

　　　S'il fait beau demain matin, je (　　) avec ma mère.

(3)　今晩，電話してね．

　　　Tu me (　　) ce soir.

(4)　彼は今夏はフランスに行きます．

　　　Il (　　) en France cet été.

(5)　2月になったら休暇が取れますよ．

　　　Vous (　　) prendre des congés en février.

(6)　次の日曜日私達に会いに来てください．

　　　Dimanche prochain vous (　　) nous voir.

(7)　私の娘は8月には20歳です．

　　　Ma fille (　　) vingt ans en août.

　　語群　aller,　　avoir,　　pouvoir,　　rester,
　　　　　sortir,　　téléphoner,　　venir

(解答は p. 88)

(1) 第一群規則動詞 rester の単純未来形．単純未来は未来の出来事「～するだろう」，話者の意図「するつもりだ」を表します．
(2) 《si＋直説法現在形，直説法単純未来》の構文は，**実現する可能性の高い未来**のことがらを表します．
(3) 単純未来は，相手 tu / vous に向かって言うと，軽い命令のニュアンスになります．
(4) 未来の行為．aller の未来形の語幹は特殊な形 (i-) です．
(5) pouvoir「できる」の未来形の語幹も特殊形 (pour-) です．
(6) 軽い命令を表します．venir の未来形の語幹も特殊 (viend-) です．
(7) 年齢は avoir＋an(s) で表現します．未来形の語幹は特殊 (au-) です．

動詞の複合過去形　(*cf.* 活用形 p. 86)

複合過去は《**助動詞＋過去分詞**》の形をとる「複合時制」のひとつで，主に，過去の完了した行為や，その結果が現在の状態に影響を与えている場合に用いられます．助動詞に avoir をとるか être をとるかは動詞によって決っています．

　　avoir → すべての他動詞・ほとんどの自動詞
　　être → すべての代名動詞・主として場所の移動を表す自動詞

[être をとる自動詞]（　）内は過去分詞

venir (venu)	来る	aller (allé)	行く
arriver (arrivé)	到着する	partir (parti)	出発する
entrer (entré)	入る	sortir (sorti)	出る
monter (monté)	登る	descendre (descendu)	降りる
naître (né)	生まれる	mourir (mort)	死ぬ
rester (resté)	とどまる	tomber (tombé)	倒れる
revenir (revenu)	戻る	rentrer (rentré)	帰る
devenir (devenu)	～になる		

＊これらの動詞の**過去分詞は主語の性・数と一致**します．

≫ 否定形 ≪
　　Je n'ai pas vu Marie.　　私はマリーを見なかった．

≫ 倒置の疑問文 ≪
　　Avez-vous téléphoné à Marie?　マリーに電話しましたか？

11 《直説法複合過去形》

日本語の文 (1)〜(7) の下には，それぞれ，それに対応するフランス語の文があります．それらのフランス語の文を完成させるために（　）のなかに下の語群から適当な動詞を1つずつ選び必要な形にして記入しなさい．

(1) あなたは自動車で旅行をした．
　　　Vous avez (　　) en voiture.

(2) 彼女たちはヴァカンスに出発しなかった．
　　　Elles ne sont pas (　　) en vacances.

(3) 私たちはプロヴァンス地方で1週間を過ごした．
　　　Nous (　　) passé une semaine en Provence.

(4) 私はローマへ行くのに飛行機に乗った．
　　　J'ai (　　) l'avion pour aller à Rome.

(5) 彼女たちは一日中立ちどおしだった・
　　　Elles sont (　　) debout toute la journée.

(6) 私はパリに行ったことがある．
　　　J'ai (　　) à Paris.

(7) 私はパリに行った．
　　　Je suis (　　) à Paris.

　　　語群　aller,　　avoir,　　être,　　partir,
　　　　　　prendre,　　rester,　　voyager

(解答は p. 88)

(1) 「旅行する」voyager の過去分詞は -er 型動詞ですから -é となります．
(2) être をとる自動詞の過去分詞は主語の性数に一致させます．
(3) passer には他動詞と自動詞の両方があり，ここでは une semaine という直接目的をとるので他動詞です．助動詞は avoir です．

(4) 「飛行機に乗る」は monter en avion とも言いますが，問題では目的語が l'avion となっているので，prendre を使います．
(5) 状態の継続を表す動詞は rester. être を助動詞に取ります．
(6) 過去の経験「行ったことがある」は être を直説法複合過去にします．
(7) 過去の事実「行った」は aller を直説法複合過去にします．

....

複合過去の活用形

助動詞として avoir と être を取る動詞でそれぞれ複合過去を作ってみましょう．

〈donner (donné)（与える)〉　　〈venir (venu)（来る)〉

j'ai	donné		je	suis	venu(e)
tu	as	donné	tu	es	venu(e)
il	a	donné	il	est	venu / elle est venue
nous	avons	donné	nous	sommes	venu(e)s
vous	avez	donné	vous	êtes	venu(e)(s)
ils	ont	donné	ils	sont	venus / elles sont venues

代名動詞の直説法複合過去

代名動詞の複合過去は助動詞として être を取ります．気をつけたいのは se です．**se が直接目的の働きをしている場合は過去分詞の一致**が起きます．間接目的の場合は一致はしません．

〈se lever（起きる)（se は直接目的)〉

je	me suis	levé(e)	nous	nous	sommes	levé(e)s
tu	t'es	levé(e)	vous	vous	êtes	levé(e)(s)
il	s'est	levé	ils	se	sont	levés
elle	s'est	levée	elles	se	sont	levées

〈se laver les mains（手を洗う)（se は間接目的)〉

je	me suis	lavé les mains	nous	nous	sommes	lavé les mains
tu	t'es	lavé les mains	vous	vous	êtes	lavé les mains
il	s'est	lavé les mains	ils	se	sont	lavé les mains
elle	s'est	lavé les mains	elles	se	sont	lavé les mains

12 《代名動詞の直説法複合過去》

次の日本語の文 (1)〜(7) に対応するフランス語の文で，（　）内に入れるのに最も適切なものを，それぞれ下の ①〜③ のなかから一つずつ選びなさい．

(1) 彼女は今朝早く目がさめた．
Elle (　) de bonne heure ce matin.
① se réveillant　② se réveille　③ s'est réveillée

(2) 彼女たちはよく電話をしあった．
Elles (　) souvent.
① s'est téléphoné　② se sont téléphoné　③ ont téléphoné

(3) 彼女は念入りに歯を磨いた．
Elle (　) les dents soigneusement.
① s'est brossé　② s'est brossée　③ a brossé

(4) 列車はその駅には止まらなかった．
Le train (　) à la gare.
① n'ai pas arrêté　② ne s'arrête pas　③ ne s'est pas arrêté

(5) 彼女は突如走り出した．
Elle (　) à courir tout à coup.
① se met　② s'est mise　③ se mettait

(6) ルイーズはポールと結婚した．
Louise (　) avec Paul.
① s'est mariée　② se marient　③ se sont mariés

(7) この雑誌は売れなかった．
Cette revue (　).
① ne s'est pas vendu　② ne s'est pas vendue
③ ne se vend pas

(解答は p.88)

代名動詞の複合過去の問題です．用法，se の役割に付いては p. 72 を参照してください．

(1)「目がさめる」は se réveiller. se は直接目的です．
(2)「電話をし合う」は se téléphoner. 相互的用法で se は間接目的です．
(3)「歯を磨く」は se brosser les dents. les dents という直接目的がありますから se は間接目的です．
(4)「止まる」は s'arrêter.「自分自身を止める」→「止まる」となる再帰的用法です．
(5)「～し始める」は se mettre à ～ という熟語です．これも「自分自身を…に置く」という再帰的用法です．
(6)「～と結婚する」は se marier avec qn です．se は直接目的です．
(7)「売れる」は se vendre. 受身的用法です．se は直接目的です．

解　答

10　(1) resterai　(2) sortirai　(3) téléphoneras　(4) ira
　　(5) pourrez　(6) viendrez　(7) aura
11　(1) voyagé　(2) parties　(3) avons　(4) pris
　　(5) restées　(6) été　(7) allé(e)
12　(1) ③　(2) ②　(3) ①　(4) ③　(5) ②　(6) ①　(7) ②

受動態

《**être＋他動詞の過去分詞**》は受動態を表します．受動態で動作を行う「人」または「もの」は一般的に **par** によって示します（動作というより状態を示す場合には de が用いられます）．

　Jean est invité à dîner par ma mère.　ジャンは私の母に夕食に招待される．
　Jeanne est aimée de ses amis.　ジャンヌは友人たちから愛されている．
　Cette église a été construite au début du XIVe siècle.
　　この教会は14世紀初めに建てられた．
　＊複合過去は《**avoir été＋他動詞の過去分詞**》で作ります．
　＊受動態の過去分詞は主語の性・数に一致します．

13 ((受動態))

次の日本語の文 (1)〜(7) に対応するフランス語の文で，(　) 内に入れるのに最も適切なものを，それぞれ下の ①〜③ のなかから一つずつ選びなさい．

(1) 印刷術はグーテンベルグによって発明された．
　　L'imprimerie (　) par Gutenberg.
　　① a été inventée　　② a inventé　　③ est inventée

(2) マリーは夕食に招待されている．
　　Marie (　) au dîner.
　　① est invité　　② est invitée　　③ a été invitée

(3) 生徒たちは先生に叱られた．
　　Les élèves (　) par la maîtresse.
　　① ont grondé　　② est grondée　　③ ont été grondés

(4) あの歌手はみんなから愛されている．
　　Cette chanteuse (　) de tout le monde.
　　① aime　　② sera aimée　　③ est aimée

(5) 木が何本か台風で倒された．
　　Plusieurs arbres (　) par le typhon.
　　① ont été renversés　　② ont renversé　　③ renversent

(6) 夏の研修旅行は7月15日に始まる．
　　Le stage d'été (　) le 15 juillet.
　　① s'est ouvert　　② sera ouvert　　③ a ouvert

(7) あのブティックは先週閉店した．
　　Cette boutique (　) la semaine dernière.
　　① a fermé　　② est fermée　　③ a été fermée

(解答は p. 90)

(1) 受動態の直説法複合過去です．受動態は《être＋過去分詞》でつくります．その複合過去を作るには être を複合過去にします．つまり《avoir＋été＋過去分詞》の形になります．
(2) 「招待されている」は現在形です．マリーが女性名詞ですから過去分詞の一致に注意しましょう．
(3) 複合過去です．主語は男性複数名詞です．
(4) 現在形です．受動態の現在形は être 動詞を現在形にして作ります．主語は女性名詞．
(5) 複合過去です．主語の性・数に注意して選びましょう．
(6) これからのことですから単純未来です．être を単純未来形にします．
(7) 複合過去．

解　答

13　(1) ①　　(2) ②　　(3) ③　　(4) ③　　(5) ①　　(6) ②　　(7) ③

直説法半過去の活用形

	半過去の語尾		chanter		avoir		être
je	-ais	je	chant**ais**	j'av**ais**		j'ét**ais**	
tu	-ais	tu	chant**ais**	tu	av**ais**	tu	ét**ais**
il	-ait	il	chant**ait**	il	av**ait**	il	ét**ait**
nous	-ions	nous	chant**ions**	nous	av**ions**	nous	ét**ions**
vous	-iez	vous	chant**iez**	vous	av**iez**	vous	ét**iez**
ils	-aient	ils	chant**aient**	ils	av**aient**	ils	ét**aient**

語幹は直説法現在 1 人称複数形から作れます

例：chanter — nous chantons → je chantais …
　　partir — nous partons → je partais …
　　ただし être — j'étais … だけは例外

14 《直説法半過去》

（　）のなかの動詞を複合過去形か半過去形のどちらかに活用させて，日本語の文 (1)〜(7) に対応するフランス語を完成させなさい．

(1) 彼女はとても悲しそうだった．
　　Elle (　　) l'air triste.　　　　　　　　(avoir)

(2) わたしは毎日6時に起きていた．
　　Je (　　) tous les jours à six heures.　　(se lever)

(3) 映画にでもいこうか．
　　Si on (　　) au cinéma ?　　　　　　　(aller)

(4) 彼らは死んだように眠っている．
　　Ils dorment comme s'ils (　　) morts.　(être)

(5) 彼女は小さい頃，日曜日以外は毎日テニスをしていた．
　　Quand elle (　　) petite, elle (　　) au tennis tous les jours sauf le dimanche.　　　　　　　　　(être, jouer)

(6) 彼が出発したとき，雨が降っていた．
　　Quand il (　　), il (　　).　　　　(partir, pleuvoir)

(7) 彼女が新聞を読んでいたとき，ぼくが部屋に入った．
　　Elle (　　) le journal, quand je (　　) dans la chambre.
　　　　　　　　　　　　　　　　　　(lire, entrer)

(解答は p. 92)

(1) 半過去形は「悲しかった」のように，**過去の継続的な状態**を表す時制です．ここでは avoir l'air triste「悲しい様子をしている」という表現が使われています．
(2) 半過去形は「いつも〜していた」のように，**過去の習慣**を表現することもあります．
(3) 《si＋半過去形》で「〜したらどうですか」のように，ひとを誘う表現です．
(4) 《comme si＋半過去形》で「まるで〜のように」という表現です．
(5) 半過去形は「小さかった」のように，過去の状態を表す時制です．また「毎日テニスをしていた」は，過去の習慣を表わしています．
(6) 「出発した」は完了した行為ですから，複合過去形で用います．それに対して，「降っていた」という状態は半過去形で表現します．同じ過去でも，複合過去形と半過去形のニュアンスの違いに注意してください．この2つの時制を組み合わせによって，奥行きのある文が作られます．
(7) 「読んでいた」は継続的な行為ですから，半過去形で表現します．それに対して，「入った」という完了する行為は複合過去形で表現します．

> **解 答**
>
> 14 (1) avait　　(2) me levais　　(3) allait　　(4) étaient
> 　　(5) était, jouait　(6) est parti, pleuvait　(7) lisait, suis entré

....

直説法半過去の用法

1) 過去における継続した行為，状態を表す．(問題 1, 6, 7)

   Il y avait beaucoup de monde dans le parc.
   公園にたくさんの人がいた．

   Ils regardaient la télé quand Marie est arrivée.
   マリーが到着したとき彼らはテレビを見ていた．

   (完了した行為は複合過去で，継続した行為は半過去で表す．)

2) 過去の反復した行為，習慣を表す．(問題 2, 5)

   Nous partions en vacances chaque été.
   私たちは毎夏ヴァカンスに出かけたものだった．

3) その他

   ・si＋半過去：「〜しませんか（勧誘）」(問題 3)
   ・comme si＋半過去：「まるで〜よう」(問題 4)

15 《ジェロンディフ》

( ) 内に示された動詞をジェロンディフにして，日本語の文 (1)〜(7) に対応するフランス語を完成させなさい．

(1) 私は郵便局から出たとき，マルタンさんに会った．
　　　( ) ( ) de la poste, j'ai vu M. Martin.　　(sortir)

(2) テレビを見ながら食べてはだめよ．
　　　Ne mange pas, ( ) ( ) la télé.　　(regarder)

(3) タクシーに乗れば時間に間にあうでしょう．
　　　( ) ( ) un taxi, j'arriverai à l'heure.　　(prendre)

(4) 老けて見えるけれど，彼は30歳だ．
　　　Il a trente ans tout ( ) ( ) vieux.　　(paraître)

(5) 彼女は泣きながら話す．
　　　Elle parle ( ) ( ).　　(pleurer)

(6) おなかがすいているので，家に帰ります．
　　　( ) ( ) faim, je rentre chez moi.　　(avoir)

(7) 彼女は金持ちだけど，質素な生活をしている．
　　　( ) ( ) riche, elle vit simplement.　　(être)

(解答は p. 94)

(1) sortir のジェロンディフは en sortant となります．「郵便局から出た」「マルタンさんに会った」という 2 つの出来事の同時性を表しています．
(2) 同様に「食べる」と「テレビを見る」の同時進行を表します．
(3) 「タクシーに乗れば」という手段を示します．
(4) 「〜ではあるが」（対立）のニュアンスのとき，副詞 tout をともなうことが多い．
(5) 行為の様態を説明するジェロンディフです．
(6) 理由を示すジェロンディフです．
(7) 対立・譲歩を表すジェロンディフです．

解答

15 (1) En sortant　　(2) en regardant　　(3) En prenant
　　(4) en paraissant　(5) en pleurant　　(6) En ayant
　　(7) En étant

ジェロンディフ

《en＋現在分詞》の形をジェロンディフといいます．現在分詞の語尾は常に -ant で変化しません．一人称複数現在形の語尾の -ons の代わりに -ant を付けて作ります．

　　　　regarder → nous regard**ons** → regard**ant**

・ジェロンディフは「〜しながら〜するとき」（同時），「〜すれば」（手段・条件），「〜ではあるが」（対立）などを表し，主節の動詞を修飾する役割をします．

16 《条件法》

次の日本語の文 (1)〜(7) に対応するフランス語で，(　) 内に入れるのに最も適切なものを，それぞれ下の ①〜③ のなかから一つずつ選びなさい．

(1) もし時間があればこの映画を見に行くのに．
   Si j'avais le temps, j'(　) voir ce film.
   ① irais　　　② irai　　　③ allais

(2) あなたがいなかったら，彼女は死んでいる．
   Sans toi, elle (　) morte.
   ① sera　　　② était　　　③ serait

(3) マルタンさんにお目にかかりたいのですが．
   Je (　) voir Monsieur Martin.
   ① voulais　　　② voulant　　　③ voudrais

(4) ドアを閉めていただけますか．
   (　)-vous fermer la porte?
   ① Pourriez　　　② Pouviez　　　③ avez pu

(5) 病院に行った方がいい．
   Tu (　) aller à l'hôpital.
   ① devrais　　　② devais　　　③ as dû

(6) この事故での死者は2人のもようです．
   Il y (　) deux morts dans cet accident.
   ① a　　　② aurait　　　③ avait

(7) 彼は来ると言った．
   Il a dit qu'il (　).
   ① vient　　　② est venu　　　③ viendrait

(解答は p. 96)

条件法は基本的には「もし〜なら〜なのに」と，**現実に反することがらを仮定してその結果を述べる叙法**です．会話ではよく「(もしできるなら)〜したいのですが」という丁寧な言いまわしとして使われます．4級の試験ではこの言いまわしを覚えておけば十分でしょう．

(1) 条件法の基本となる条件文です．《si＋直説法半過去，条件法現在》の構文で，「もし〜なら」（条件節）には直説法半過去，「〜なのに」（帰結節）には条件法現在がきます．動詞 aller の条件法の語幹は i- となります．

(2) 《si＋直説法半過去，条件法現在》の「もし〜なら」の条件節の代わりに，sans〜「〜がない」という前提条件があります．帰結節には条件法現在が用いられます．

(3) **vouloir＋不定詞** の構文は，会話では条件法を使って Je voudrais...「〜したいのですが」となるのが普通です．直説法の Je veux... よりも**丁寧な言いまわしになります**．

(4) **Pouvez-vous...?** よりも丁寧なお願い．動詞 pouvoir の条件法の語幹は pour- となります．

(5) **devoir＋不定詞**「〜しなければならない」動詞を条件法にすると，**語気を緩和**する事になります．

(6) 《il y a ...》の構文．動詞を条件法にすると，**推量**の意味になります．

(7) 4級の試験には出ていませんが，条件法には過去からみた未来を表す用法もあります．「彼が言った」というある過去の時点からすると「彼が来るのは」それより時間的に後ということになります．直接話法だと単純未来になります．Il a dit:《je viendrai.》

解　答

12 (1) ①　(2) ③　(3) ③　(4) ①　(5) ①　(6) ②　(7) ③

条件法　条件法現在形の活用：単純未来と同じ語幹＋半過去形の語尾

je	-**rais**	nous	-**rions**
tu	-**rais**	vous	-**riez**
il	-**rait**	ils	-**raient**

用　法

1) si＋直説法半過去，条件法現在：現在の事実に反する仮定
「もし〜なら，〜なのに」（問題 1, 2）
2) 語気緩和，丁寧な表現（問題 3, 4, 5）
3) 推量（問題 6）

総合練習問題 （解答は p. 100）

次の日本語の文 (1)〜(20) に対応するフランス語で，（　）内に入れるのに最も適切なものを，それぞれ下の ①〜③ のなかから一つずつ選びなさい．

(1) 円をユーロに替えたいのですが．
　　　Je (　) changer des yens en euros.
　　　① voulais　　② voulant　　③ voudrais

(2) ジャンの家でパーティーの仕上げをしよう．
　　　On va (　) la soirée chez Jean.
　　　① terminera　　② terminer　　③ a terminé

(3) 両サッカーチームは先週試合で対戦した．
　　　Les deux équipes de football (　) la semaine dernière.
　　　① se rencontrent　② se rencontront　③ se sont rencontrées

(4) 雨が降っているよ．レインコートを着なさい．
　　　Il pleut. (　) ton imperméable.
　　　① Mettons　　② Mets　　③ Mettez

(5) 果報は寝て待て．
　　　La fortune vient en (　).
　　　① dormant　　② dormir　　③ dort

(6) この植物は日光を好む．
　　　Cette plante (　) le soleil.
　　　① aime　　② aimant　　③ a aimé

(7) 汝自身のごとく汝の隣人を愛せよ．
Tu (　) ton prochain comme toi-même.
① aimant　　② aimeras　　③ aimerais

(8) フランスの企業で働きたいのですが．
J'(　) bien travailler dans une entreprise française.
① aimais　　② ai aimé　　③ aimerais

(9) 彼女は父親を愛していた．
Elle (　) son père.
① aimait　　② aimant　　③ aimerait

(10) この映画はとてもよかった．
J'(　) beaucoup ce film.
① aime　　② ai aimé　　③ aimerais

(11) 彼はボールを蹴った．
Il (　) dans le ballon.
① tapant　　② a tapé　　③ taper

(12) 彼女は私の腕につかまっていた．
Elle (　) sur mon bras.
① s'appuie　　② s'appuiera　　③ s'appuyait

(13) 羊飼いは羊の群を追う．
Le berger (　) son troupeau.
① pousse　　② ai poussé　　③ poussera

(14) 犬が綱を引っ張りながら走る．
　　 Le chien court en (　　) sur sa laisse.
　　 ① a tiré　　　　② tirant　　　　③ tient

(15) 運命の賽は投げられた．
　　 Le sort en (　　).
　　 ① jetant　　　　② ai jeté　　　　③ est jeté

(16) 彼女は子供たちが出ていくのを見て悲しかった．
　　 Elle (　　) triste de voir partir ses enfants.
　　 ① était　　　　② serait　　　　③ est

(17) 母がそれを聞いたら喜びます．
　　 Ma mère (　　) contente d'apprendre cela.
　　 ① a été　　　　② sera　　　　③ était

(18) 彼女に腹をたてないでください．彼女のせいじゃありません．
　　 Ne (　　) pas contre elle.　Ce n'est pas sa faute.
　　 ① vous fâchez　　② se fâcher　　③ fâchez-vous

(19) 彼女とデートできれば楽しいのだが．
　　 Cela m'(　　) de sortir avec elle.
　　 ① a amusé　　　② amusant　　　③ amuserait

(20) 彼はここに来たことを後悔している．
　　 Il (　　) d'être venu ici.
　　 ① regrette　　　② a regretté　　③ regrettera

（1）動詞は vouloir，丁寧な言い方をするときには条件法を用います．
（2）on は「私たち」を表しますが動詞は 3 人称単数で活用します．aller＋不定詞で近い未来を表します．
（3）se rencontrer は代名動詞ですから，複合過去の助動詞は être です．
（4）命令形がきます．ton imperméable ですから，2 人称単数形を用います．
（5）「〜しながら」を表すジェロンディフ《en＋現在分詞》です．
「幸運はひとが眠っているときにやって来る．」意味が明らかな場合，主文の主語とジェロンディフの主語が異なることもあります．

（6）〜（10）動詞 aimer をさまざまな意味で用いています．
（6）直説法現在形を用います．
（7）単純未来を 2 人称で用いると，命令の意味になります．
（8）**aimer＋不定詞** で「〜したい」の意味になり，ここではより丁寧な言い方なので，条件法現在が用いられます．
（9）過去の状態を表していますから，直説法半過去を用います．
（10）過去の体験を表していますから，直説法複合過去を用います．

（11）〜（15）投げる，押す，引くなどの動詞が用いられています．
（11）「蹴った」という過去の完了した行為ですから，複合過去を用います．
（12）「つかまっていた」という過去の状態ですから，直説法半過去を用います．
（13）普遍的事実を表す直説法現在です．
（14）同時性を表すジェロンディフを用います．
（15）受動態を用います．
（16）「悲しかった」のは過去の状態ですから，直説法半過去を用います．
（17）「喜ぶ」のは未来のことですから，単純未来を用います．
（18）否定命令では動詞と再帰代名詞は倒置されません．
（19）de sortir avec elle の部分が条件節の役割を果たしています．結果節にあたる「嬉しい（私を喜ばせる）のに」を表すのは条件法です．
（20）「来た」のは完了した行為ですが，「後悔している」のは現在です．

解　答

(1) ③	(2) ②	(3) ③	(4) ②	(5) ①
(6) ①	(7) ②	(8) ③	(9) ①	(10) ②
(11) ②	(12) ③	(13) ①	(14) ②	(15) ③
(16) ①	(17) ②	(18) ①	(19) ③	(20) ①

問題 5　語　順

【問題 5】の語順を答える問題でよく取り上げられているのは，**強調構文，受動態，比較文，否定文，近接未来・過去，非人称構文，慣用句的表現**などです．それぞれについて，基本的な文の構造を把握しておきましょう．

例題 1

例にならい，次の (1)〜(5) において，それぞれ下の ①〜④ をすべて用いて文を完成したときに，（　）内に入るのはどれですか．①〜④ のなかから一つずつ選び，解答欄のその番号にマークしてください．

(例) Elles ＿＿＿＿ ＿＿＿＿ （　） ＿＿＿＿．
　　① l'air　　② ont　　③ très　　④ tristes
　　Elles ont l'air (très) tristes.
　　　　　② ①　 ③　　④
　　となり，②①③④ の順なので，（　）内に入るのは ③．

(1) C'est ＿＿＿＿ ＿＿＿＿ （　） ＿＿＿＿．
　　① attend　　② Brigitte　　③ qui　　④ vous

(2) Il ＿＿＿＿ ＿＿＿＿ （　） ＿＿＿＿ ce soir
　　① ne　　② pas　　③ peut　　④ venir

(3) J'ai ＿＿＿＿ ＿＿＿＿ （　） ＿＿＿＿ Afrique.
　　① de　　② en　　③ envie　　④ voyager

(4) Mon frère a ＿＿＿＿ ＿＿＿＿ （　） ＿＿＿＿ moi.
　　① de　　② livres　　③ plus　　④ que

(5) Vous avez acheté ＿＿＿＿ ＿＿＿＿ （　） ＿＿＿＿ ?
　　① bleue　　② cette　　③ maison　　④ petite

(1)「あなたを待っているのはブリジットです。」
《 **C'est ~ qui** … 》「…は~だ」という強調の表現を思い出してください attend の活用がヒントになります．強調される主語は 3 人称単数形です．（cf. 強調構文 p. 107, 108）

(2)「彼は今夜来られない．」
否定文の ne, pas の位置が問題です．助動詞 peut をはさみます．

(3)「私はアフリカを旅行したい．」
「~したい」**avoir envie de** ~ の構文ですが，de の後には「アフリカを旅行する」voyager en Afrique がきます．

(4)「私の兄(弟)は私よりたくさん本を持っている．」
「~より多くの…をもつ」avoir plus de … que ~ が分かれば簡単です．

(5)「あなたはこの小さな青い家を買ったのですか？」
形容詞の位置の問題です．（cf. 形容詞 p. 147 ~ 148, p. 154）

解 答

(1) ② ③ (④) ①　　(2) ① ③ (②) ④　　(3) ③ ① (④) ②
(4) ③ ① (②) ④　　(5) ② ④ (③) ①

〔フランス語文〕

(1) C'est Brigitte qui vous attend.
(2) Il ne peut pas venir ce soir.
(3) J'ai envie de voyager en Afrique.
(4) Mon frère a plus de livres que moi.
(5) Vous avez acheté cette petite maison bleue?

例題 2

例にならい，次の (1)～(5) において，それぞれ下の ①～④ をすべて用いて文を完成したときに，（　）内に入るのはどれですか．①～④ のなかから一つずつ選び，解答欄のその番号にマークしてください．なお，①～④ では，(5) のみ文頭にくるものも小文字にしてあります．

(例)　Elles _____ _____ (　) _____.

　　　① l'air　　② ont　　③ très　　④ tristes

　　　Elles <u>ont</u> <u>l'air</u> (<u>très</u>) <u>tristes</u>.
　　　　　②　①　③　④

　　　となり，②①③④ の順なので，（　）内に入るのは ③．

(1) C'est le chemin _____ _____ (　) _____ aller à la gare.

　　　① je　　② pour　　③ prends　　④ que

(2) Hier, il _____ _____ (　) _____ ses devoirs.

　　　① a　　② fait　　③ n'　　④ pas

(3) Je pense _____ _____ (　) _____.

　　　① est　　② là　　③ Marie　　④ que

(4) Tous les matins, _____ _____ (　) _____.

　　　① arrive　　② en　　③ il　　④ retard

(5) _____ _____ (　) _____ de français.

　　　① notre　　② nouveau　　③ professeur　　④ voilà

(1)「私が駅に行くのに通るのはこの道です.」
「道を行く」je prends le chemin がヒントになります．C'est~que…
「…は〜だ」という強調の表現を思い出してください．
(2)「昨日，彼は宿題をしなかった．」
複合過去形の否定形，ne, pas の位置が問題です．並べ替えの問題では複合過去形がよくでていますので注意しましょう．
(3)「マリーはそこにいると思うよ．」
「〜だと思う」**penser que** 〜 の構文ですが，que の後「マリーはいる」Marie est là. がきます．
(4)「毎朝，彼は遅刻する．」
「遅刻する」**arriver en retard** が分かれば簡単です．
(5)「わたしたちの新しいフランス語の先生です．」
動詞がなく voilà に導かれる文です．nouveau の位置に注意してください．

解　答

(1) ④ ① (③) ②　　(2) ③ ① (④) ②　　(3) ④ ③ (①) ②
(4) ③ ① (②) ④　　(5) ④ ① (②) ③

〔フランス語文〕

(1) C'est le chemin que je prends pour aller à la gare.
(2) Hier, il n'a pas fait ses devoirs.
(3) Je pense que Marie est là.
(4) Tous les matins, il arrive en retard.
(5) Voilà notre nouveau professeur de français.

練習問題

1 《基本文型》

例にならい，次の (1)〜(5) の各語をならべかえて完全な文をつくるための正しい語順を，それぞれ番号で示しなさい．文頭にくるべきものも小文字にしてあります．

(例) ① vais   ② à   ③ la faculté   ④ je   [.]
(答) Je vais à la faculté. [④ ① ② ③]

(1) ① fait   ② le pâtissier   ③ des gâteaux   [.]

(2) ① reste   ② jeune   ③ il   [.]

(3) ① trouve   ② je   ③ intéressante   ④ cette comédie   [.]

(4) ① pense   ② à   ③ elle   ④ l'avenir des hommes   [.]

(5) ① offre   ② à Jeanne   ③ Pierre   ④ des fleurs   [.]

文章を構成する語の機能について知ることが，それぞれの語の正しい位置を決めることにつながります．まず，文型を確かめてみましょう．

基本文型

基本文型について確認してみましょう．（例）と (1)〜(5) までの文型はつぎのようになっています．

（例）（第 1 文型）**主語・動詞**
　　　Je vais à la faculté.　［④ ① ② ③］
　　　「私は大学に行く．」

(1)　（第 2 文型）**主語・動詞・直接目的**
　　　Le pâtissier fait des gâteaux.
　　　「菓子屋は菓子をつくる．」

(2)　（第 3 文型）**主語・動詞・属詞**
　　　Il reste jeune.
　　　「彼はいつまでも若い．」

(3)　（第 4 文型）**主語・動詞・直接目的・属詞**
　　　Je trouve cette comédie intéressante.
　　　「私はこのお芝居を面白いと思う．」

(4)　（第 5 文型）**主語・動詞・間接目的**
　　　Elle pense à l'avenir des hommes.
　　　「彼女は人類の未来のことを考えている．」

(5)　（第 6 文型）**主語・動詞・直接目的・間接目的**
　　　Pierre offre des fleurs à Jeanne.
　　　「ピエールはジャンヌに花を贈る．」

フランス語の文は基本的に以上の 6 つの文型のいずれかにあてはまりますから，主語と動詞とに注意して，これらの文型を見分けられるようにしてください．

解 答

(1) ② ① ③　　　(2) ③ ① ②　　　(3) ② ① ④ ③
(4) ③ ① ② ④　　　(5) ③ ① ④ ②

練習問題　②, ③, ④, ⑤ は次の指示に従い解答してください.

次の文において，それぞれ下の ①〜④ をすべて用いて文を完成したときに，(　) 内に入るのはどれですか. ①〜④ のなかから一つずつ選び，解答欄のその番号にマークしてください.

② 《強調構文》

(1) C'est _____ _____ (　) _____ à dîner.
　　① invite　　② Marie　　③ moi　　④ qui

(2) C'est _____ _____ (　) _____ à dîner.
　　① invite　　② j'　　③ Marie　　④ que

(3) C'est à dîner _____ _____ (　) _____.
　　① invite　　② j'　　③ Marie　　④ que

(4) C'est _____ _____ (　) _____.
　　① j'ai　　② ma clef　　③ que　　④ perdue

(5) C'est _____ _____ (　) _____ partir.
　　① demain　　② Maurice　　③ que　　④ va

(6) C'est _____ _____ (　) _____ le dernier.
　　① arrivé　　② lui　　③ qui　　④ est

(7) C'est _____ _____ (　) _____ parle.
　　① à　　② je　　③ que　　④ toi

強調構文の問題です.
　主語の強調：**c'est** 〜 **qui**＋動詞…
　その他の要素の強調：**c'est** 〜 **que**＋主語＋動詞…
(1)(2)(3) は J'invite Marie à dîner. の文について強調構文の文を作っています.

(1)「マリーを夕食に誘うのは私だ.」
　　主語を強調するときは C'est 〜 qui... という構文になります. 〜 の部分が人称代名詞の時は, 強勢形が用いられます.
(2)「私が夕食に誘うのはマリーだ.」
　　主語以外のものを強調するときは C'est 〜 que... という構文になります. j'＝je が que 以下の主語になります.
(3)「私がマリーを誘うのは夕食にだ.」
　　主語以外のものの強調です. j'＝je が que 以下の主語になります.
(4)「私がなくしたのは鍵だ.」
　　目的語を強調. C'est 〜 que... という構文になります. ma clef という女性単数名詞の直接目的が avoir＋過去分詞より前に位置していますから perdue と -e が付いていることに注意してください.
(5)「モーリスが出発するのは明日だ.」
　　状況補語を強調. C'est 〜 que... という構文になります.
(6)「最後に到着したのは彼だ.」
　　主語の強調です. 〜 の部分が人称代名詞の時は, 強勢形が用いられます.
(7)「私が話しているのはきみだ.」
　　間接目的語の強調です. 前置詞 à の後の人称代名詞は強勢形が用いられます.

【解　答】

(1) ③ ④ (①) ②　　(2) ③ ④ (②) ①　　(3) ④ ② (①) ③
(4) ② ③ (①) ④　　(5) ① ③ (②) ④　　(6) ② ③ (④) ①
(7) ① ④ (③) ②

〔フランス語文〕

(1) C'est moi qui invite Marie à dîner.
(2) C'est Marie que j'invite à dîner.
(3) C'est à dîner que j'invite Marie.
(4) C'est ma clef que j'ai perdue.
(5) C'est demain que Maurice va partir.
(6) C'est lui qui est arrivé le dernier.
(7) C'est à toi que je parle.

3 《非人称構文》

(1) Il _____ _____ ( ) _____.
   ① mieux   ② se   ③ taire   ④ vaut

(2) Il _____ _____ ( ) _____.
   ① vivre   ② pour   ③ manger   ④ faut

(3) Il _____ _____ ( ) _____ ici.
   ① faut   ② fumer   ③ ne   ④ pas

(4) Il _____ _____ ( ) _____ ici.
   ① de   ② est   ③ interdit   ④ stationner

(5) Il _____ _____ ( ) _____ réserver la place.
   ① de   ② nécessaire   ③ n'est   ④ pas

(6) Il _____ _____ ( ) _____.
   ① ce   ② fait   ③ froid   ④ matin

(7) Il _____ _____ ( ) _____ sur l'autoroute.
   ① accident   ② arrivé   ③ est   ④ un

非人称構文

非人称の il（3人称単数男性の代名詞主語ではない）が主語になる文には大きくわけて三つのタイプがあります．

1) 非人称動詞（活用が il の形しかない）が用いられる
   Il pleut.（pleuvoir） 雨が降る．
   Il faut du courage.（falloir） 勇気が必要だ．

2) 一般には人称活用する動詞が非人称のilと結びついて特別の意味で用いられる．
   Il fait beau.（faire） 天気がいい．
   Il est midi.（être） 正午です．
   Il y a beaucoup de monde.（avoir） たくさんの人がいる．

3) 後に意味上の主語が現れる．
   Il est difficile de faire la cuisine.（être） 料理は難しい．
   Il reste peu de temps.（rester） 時間がほとんど残っていない．

(1)「黙っているほうがいい.」
《il vaut mieux＋不定詞》「～するほうがいい」という表現です.
se taire「黙る」
(2)「生きるためには食べなければならない.」
《il faut＋不定詞》「～しなければならない」という表現です.
(3)「ここでタバコを吸ってはいけない.」
《il ne faut pas＋不定詞》否定のときは「～してはいけない」という禁止の表現です.
(4)「ここは駐車禁止です.」
《il est interdit de＋不定詞》「～することは禁じられている」という表現です. stationner「駐車する」
(5)「席を予約する必要はない.」
《il est nécessaire de＋不定詞》「～する必要がある」という表現です. 否定のときは「しなくてもいい」という意味になります.
(6)「今朝は寒い.」
天候を表す表現です.
(7)「高速道路で事故が起きた.」
《il arrive ～》「～が起きる」という表現です. 複合過去形になっています.

解 答

(1) ④ ① ② ③　　(2) ④ ③ ② ①　　(3) ③ ① ④ ②
(4) ② ③ ① ④　　(5) ③ ④ ② ①　　(6) ② ③ ① ④
(7) ③ ② ④ ①

〔フランス語文〕
(1) Il vaut mieux se taire.
(2) Il faut manger pour vivre.
(3) Il ne faut pas fumer ici.
(4) Il est interdit de stationner ici.
(5) Il n'est pas nécessaire de réserver la place.
(6) Il fait froid ce matin.
(7) Il est arrivé un accident sur l'autoroute.

4　《否定文》　文頭にくるべきものも小文字にしてあります．

(1)　Est-ce que ＿＿＿ ＿＿＿ (　) ＿＿＿ le musée?
　　　① ne　　② pas　　③ tu　　④ visites

(2)　＿＿＿ ＿＿＿ (　) ＿＿＿ ses mensonges.
　　　① je　　② ne　　③ plus　　④ supporte

(3)　＿＿＿ ＿＿＿ (　) ＿＿＿ seize ans.
　　　① a　　② elle　　③ n'　　④ que

(4)　Patricia ＿＿＿ ＿＿＿ (　) ＿＿＿ après le dîner.
　　　① ne　　② pas　　③ travailler　　④ va

(5)　Il ＿＿＿ ＿＿＿ (　) ＿＿＿ au tennis aujourd'hui.
　　　① jouer　　② ne　　③ pas　　④ peut

(6)　Nous ＿＿＿ ＿＿＿ (　) ＿＿＿ hier soir.
　　　① ne　　② pas　　③ sommes　　④ sortis

(7)　Ne ＿＿＿ ＿＿＿ (　) ＿＿＿ à l'argent.
　　　① attachez　　② pas　　③ trop　　④ vous

否定の語順

- 基本形：**ne＋動詞＋pas**　　Je ne chante pas.　　私は歌わない．
- 複合過去：**ne＋助動詞＋pas＋過去分詞**
　　Je ne suis pas allé au concert.　　私はコンサートに行かなかった．
- 動詞＋不定詞：**ne＋動詞＋pas＋不定詞**
　　Je ne peux pas dormir.　　私は眠れない．

否定表現のニュアンス

☐ **ne ~ plus**	もう～ない	Il n'y a plus de vin.
☐ **ne ~ jamais**	決して～ない	Elle n'obéit jamais à ses parents.
☐ **ne ~ pas encore**	まだ～ない	Je n'ai pas encore fini.
☐ **ne ~ personne**	誰も～ない	Il n'y a personne.
☐ **ne ~ rien**	何も～ない	Il n'y a rien.
☐ **ne ~ que**	～しかない	Il n'a que 5 ans.

(1)「きみは美術館を見学しないの？」という否定文です．動詞を ne と pas ではさむのが原則です．

(2)「私はもう彼(女)の嘘には耐えられない．」
ne 〜 plus ...「もう〜しない」という表現です．

(3)「彼女はわずか 16 才だ．」
ne 〜 que ...「しか〜ない」，などの表現．形式的には否定文ですが，内容的には肯定になります．

(4)「パトリシアは夕食後には勉強しないつもりだ．」
aller＋不定詞 を否定形にするときは，aller の部分を ne と pas ではさみます．

(5)「彼は今日テニスができない．」
pouvoir＋不定詞 を否定する時は，pouvoir の部分を ne と pas ではさみます．

(6)「私たちは昨夜外出しなかった．」
複合過去形の否定は《助動詞＋過去分詞》の助動詞の部分を ne と pas ではさみます．

(7)「お金に執着し過ぎないでください．」
代名動詞の否定命令は《ne＋代名動詞＋pas》という順序になります．

```
　解　答
(1) ③ ① (④) ②     (2) ① ② (④) ③     (3) ② ③ (①) ④
(4) ① ④ (②) ③     (5) ② ④ (③) ①     (6) ① ③ (②) ④
(7) ④ ① (②) ③
```

〔フランス語文〕
(1) Est-ce que tu ne visites pas le musée ?
(2) Je ne supporte plus ses mensonges.
(3) Elle n'a que seize ans.
(4) Patricia ne va pas travailler après le dîner.
(5) Il ne peut pas jouer au tennis aujourd'hui.
(6) Nous ne sommes pas sortis hier soir.
(7) Ne vous attachez pas trop à l'argent.

5 《その他の構文》 文頭にくるべきものも小文字にしてあります．

(1) _____ _____ ( ) _____ est content.
　　① crois　　② je　　③ Paul　　④ que

(2) Il sait _____ _____ ( ) _____.
　　① est　　② malade　　③ Marie　　④ que

(3) Françoise _____ _____ ( ) _____ Pierre.
　　① avec　　② marier　　③ se　　④ va

(4) Il _____ _____ ( ) _____.
　　① de　　② le travail　　③ recommencer　　④ vient

(5) Il _____ _____ ( ) _____ une moto.
　　① a　　② été　　③ par　　④ renversé

(6) Jeanne _____ _____ ( ) _____.
　　① respectée　　② de　　③ est　　④ tout le monde

【複文の問題】
(1) 「私はポールが喜んでいると思う．」
　croire que ～「～だと信じる」という構文です．～ の部分の動詞 est が三人称単数形なので主語が Paul ということになります．
(2) 「彼はマリーが病気だということを知っている．」
　savoir que ～「～を知っている」という構文です．
【近接未来・過去】
(3) 「フランソワーズはピエールと結婚する予定だ．」
　aller＋不定詞 で近い未来．
(4) 「彼は仕事を再開したばかりだ．」
　venir＋de＋不定詞 で近い過去．
【受動態の問題】(cf. 受動態 p. 88)
(5) 「彼はオートバイにはねられた．」という受動態です．受動態は《être＋他動詞の過去分詞》で表されます．行為の主体を示す前置詞は par です．
(6) 「ジャンヌはみんなから愛されている．」という受動態です．行為の結果や状態を示す受動態の場合，動作主を示すのは de です．

解 答

(1) ② ① (④) ③　　(2) ④ ③ (①) ②　　(3) ④ ③ (②) ①
(4) ④ ① (③) ②　　(5) ① ② (④) ③　　(6) ③ ① (②) ④

〔フランス語文〕
(1) Je crois que Paul est content.
(2) Il sait que Marie est malade.
(3) Françoise va se marier avec Paul.
(4) Il vient de recommencer le travail.
(5) Il a été renversé par une moto.
(6) Jeanne est respectée de tout le monde.

比較級 (1)

形容詞の比較級：「〜より…」「〜と同じくらい…」「〜ほど…ない」の 3 種類があります．形容詞は関係する (代) 名詞の性・数に一致させます．

plus						
aussi	＋	形容詞	＋	que	＋	比較の対象
moins						

　　Il est **plus grand que** Cécile.　　彼はセシルより背が高い．
　　Il est **aussi grand que** Cécile.　　彼はセシルと同じ位背が高い．
　　Elle est **moins grande que** Cécile.　彼女はセシルより背が低い

副詞の比較級：副詞は性・数変化しません．

plus						
aussi	＋	副詞	＋	que	＋	比較の対象
moins						

　　Il parle **plus vite que** Cécile.　　彼はセシルより速く話す．
　　Il parle **aussi vite que** Cécile.　　彼はセシルと同じくらい速く話す．
　　Elle parle **moins vite que** Cécile.　彼女はセシルよりゆっくり話す．

例題 3

次の (1)〜(5) において，それぞれ下の ①〜④ をすべて用いて文を完成したときに，(　) 内に入るのはどれでしょう．①〜④ のなかから一つずつ選び，解答欄のその番号にマークしてください．なお，①〜④ では，文頭にくるものも小文字にしてあります．

(1) Tu as vingt ans?
　　Alors je suis _____ _____ (　) _____ .
　　① âgé　② plus　③ que　④ toi

(2) Regarde cette chemise.
　　Elle _____ _____ (　) _____ la bleue.
　　① chère　② est　③ moins　④ que

(3) Elle _____ _____ (　) _____ vous.
　　① aussi　② bien　③ chante　④ que

(4) _____ _____ (　) _____ ici.
　　① il　② mieux　③ traverser　④ vaut

(5) Il a _____ _____ (　) _____ son frère.
　　① de　② moins　③ patience　④ que

比較級 (2)

形容詞の最上級：最上級は，比較級の前に定冠詞をおきます．形容詞の場合，定冠詞も性数変化します．

| le / la / les | + | plus / moins | + 形容詞 + de + 比較の範囲 |

ex. Il est **le plus grand de** la famille.　　彼は家族の中で一番背が高い．
　　 Elle est **la plus grande de** la famille.　彼女は家族のなかで一番背が高い．
　　 Elle est **la moins bonne de** la classe.
　　　　　　　　　　　　　　　　彼女はクラスの中で最も出来が良くない．

比較文の問題を集めたものです．

(1)「きみは二十歳なの？ それじゃ私のほうがきみより年上です．」
(2)「このシャツを見て．青いのより安いわ．」
(3)「彼女はあなたと同じくらい上手に歌う．」
(4)「ここを渡った方が良い．」
(5)「彼は兄(弟)ほど我慢強くない（忍耐力に欠けている）．」

解 答

(1) ② ① (③) ④   (2) ② ③ (①) ④   (3) ③ ① (②) ④
(4) ① ④ (②) ③   (5) ② ① (③) ④

〔フランス語文〕
(1) Alors je suis plus âgé que toi.
(2) Elle est moins chère que la bleue.
(3) Elle chante aussi bien que vous.
(4) Il vaut mieux traverser ici.
(5) Il a moins de patience que son frère.

....

比較級 (3)

副詞の最上級：副詞の最上級は，比較級の前に**定冠詞 le** をおきます．

$$\text{le} \;+\; \boxed{\begin{array}{c}\text{plus}\\ \text{moins}\end{array}} \;+\; 副詞 \;+\; \text{de} \;+\; 比較の範囲$$

ex. Il court **le plus vite de** la classe.　彼はクラスの中で一番速く走る．
　　 Elle court **le moins vite de** la classe.
　　　　　　　　　　　　　　　彼女はクラスの中で走るのが一番遅い．

練習問題

6 《比較文》

(1)〜(6) ではそれぞれ，日本文に対応するフランス文が示されています．フランス文を完成させるように，空欄に最も適当な 1 語を記入しなさい．

(1) La Seine est (　) longue que la Loire.
　　 セーヌ川はロワール川ほど長くない．

(2) Vous parlez le français (　) couramment que moi.
　　 あなたは私よりもすらすらとフランス語を話す．

(3) Paul n'est pas (　) sportif que Jacques.
　　 ポールはジャックほどスポーツが得意ではない．

(4) Anne chante (　) que Sophie.
　　 アンヌはソフィより歌が上手だ．

(5) Quel est le (　) restaurant de cette ville ?
　　 この街で一番おいしいレストランはどこですか？

(6) Jacques a deux fois (　) de disques compacts que Paul.
　　 ジャックはポールの倍の CD をもっている．

---

　　(1) 劣等比較です．
　　(2) 比較の que の後の人称代名詞は強勢形 moi になることに気をつけてください．
(3) 同等比較の否定には aussi の代りに si も使えます．
(4) bien の比較級は plus bien ではありません．
(5) bon の最上級は le plus bon ではありません．
(6) 《plus de＋無冠詞名詞 que 〜》は「〜より多くの…」と名詞的に用いられる表現です．

> **解 答**
>
> (1) moins　　(2) plus　　(3) aussi (si)　　(4) mieux
> (5) meilleur　(6) plus

比較級 (4)

特殊な比較級・最上級

- 形容詞 **bon** の優等比較級は **plus bon** ではなくて次のようになります．最上級の冠詞ももちろん変化します．aussi bon, moins bon は変りません．

	比較級	最上級
bon	meilleur	le meilleur
bonne	meilleure	la meilleure
bons	meilleurs	les meilleurs
bonnes	meilleures	les meilleures

Elle est **meilleure** que moi en français.
彼女は私よりフランス語がよくできる．

Elle est **aussi bonne** que moi en français.
彼女は私と同じ位フランス語がよくできる．

Elle est **moins bonne** que moi en français.
彼女は私よりフランス語ができない．

Elle est **la meilleure** de la classe en français.
彼女はクラスで一番フランス語ができる．

- 副詞 **bien** も **plus bien** ではなくて次のようになります．

　　　bien　　　mieux　　　　　le mieux

Elle chante **mieux** que moi.　　彼女は私より上手に歌う．
Elle chante **aussi bien** que moi.　彼女は私と同じ位上手に歌う．
Elle chante **moins bien** que moi.　彼女は私より歌が下手です．
Elle chante **le mieux de** la classe.　彼女はクラスで一番上手に歌う．

総合練習問題　(解答は p. 122)

次の (1)～(20) の単語をならべかえて完全な文をつくり，3 番目にくるものを，それぞれ番号で示しなさい．文頭にくるべきものも小文字にしてあります．

(1) _____ _____ ( ) _____ !
　① un peu de　② -moi　③ donnez　④ café

(2) _____ _____ ( ) _____ comme ça !
　① regardez　② ne　③ me　④ pas

(3) _____ _____ ( ) _____ ?
　① entrer　② peux　③ je　④ est-ce que

(4) _____ _____ ( ) _____ ?
　① -t-elle　② ta sœur　③ dans une banque　④ travaille

(5) _____ _____ ( ) _____ ?
　① votre　② est　③ acteur préféré　④ quel

(6) Paul n'est pas là, _____ _____ ( ) _____ .
　① de　② il　③ sortir　④ vient

(7) Elle s'est _____ _____ ( ) _____ d'ordinaire.
　① levée　② plus　③ que　④ tôt

(8) Il _____ _____ ( ) _____ .
　① de　② est　③ facile　④ refuser

(9) Nous _____ _____ ( ) _____ prochain.
　① allons　② le mois　③ marier　④ nous

(10) Quand est-ce que _____ _____ ( ) _____ nous?
　① chez　② dîner　③ viendrez　④ vous

(11) Je _____ _____ ( ) _____ bientôt prête !
① crois　　② je　　③ que　　④ serai

(12) Il n'a pas eu _____ _____ ( ) _____ son frère.
① autant　　② chance　　③ de　　④ que

(13) Veux-_____ _____ ( ) _____ ?
① me　　② prêter　　③ ton vélo　　④ tu

(14) Eric _____ _____ ( ) _____ un accident de voiture.
① a　　② blessé　　③ dans　　④ été

(15) Je _____ _____ ( ) _____ elle part.
① pas　　② ne　　③ quand　　④ sais

(16) _____ _____ ( ) _____ .
① difficile　　② je　　③ le français　　④ trouve

(17) Il _____ _____ ( ) _____ quelques minutes.
① a　　② attendre　　③ n'y　　④ qu'à

(18) C'est _____ _____ ( ) _____ d'acheter.
① je　　② que　　③ le logiciel　　④ viens

(19) Je _____ _____ ( ) _____ aux États-Unis.
① ai　　② été　　③ jamais　　④ n'

(20) _____ _____ ( ) _____ pour moi !
① inquiétez　　② ne　　③ pas　　④ vous

さまざまな語順の問題です．まず，動詞を見つけましょう．
（1）「私に少しコーヒーをください．」
　　donnez が動詞ですが主語がありませんから，これは命令文です．間接目的は人称代名詞・強勢形の -moi ですが，その位置は動詞のすぐ後にきます．Donnez-moi un peu de café.
（2）「私をそんな風に見ないでください．」
　　これもやはり命令文ですが，否定になっています．直接目的の人称代名詞 me は regardez の直前におかれます．Ne me regardez pas comme ça!
（3）「入ってもいいですか？」
　　Est-ce que を使う疑問文は代名詞主語と動詞が倒置されません．
　　Est-ce que je peux entrer?
（4）「きみのお姉（妹）さんは銀行に勤めているの？」
　　疑問文で主語が代名詞ではなくて，名詞の場合，この名詞 ta sœur を代名詞 elle でうけて動詞 travaille と倒置します．
　　Ta sœur travaille-t-elle dans une banque?
（5）「あなたの好きな俳優は誰ですか？」
　　疑問形容詞 quel が属詞で用いられるときには主語と動詞は倒置されます．Quel est votre acteur préféré?
（6）「ポールはいません，さっき出ていったところです．」
　　venir de＋不定詞，の構文です．Paul n'est pas là, il vient de sortir.
（7）「彼女はふだんより早く起きた．」
　　代名動詞 se lever の複合過去形です．
　　Elle s'est levée plus tôt que d'ordinaire.
（8）「拒否するのは簡単だ．」
　　il est 形容詞 de＋不定詞　Il est facile de refuser.
（9）「私たちは来月結婚します．」
　　aller＋不定詞 の構文です．近い未来を表します．se marier「結婚する」
　　Nous allons nous marier le mois prochain.
（10）「いつ私たちの家に夕食を食べに来ますか？」
　　疑問副詞 quand が用いられるときには主語と動詞は倒置されますが，ここでは est-ce que が使われていますから，倒置はおこなわれません．
　　Quand est-ce que vous viendrez dîner chez nous?
（11）「もうすぐ用意できると思います．」
　　croire que 〜「〜と思う」　serai＜être．
　　Je crois que je serai bientôt prête.

(12)「彼は兄と同じだけのチャンスに恵まれなかった．」
　　autant de＋名詞＋que ～，「～と同じくらいの量の」
　　Il n'a pas eu autant de chance que son frère.
(13)「きみの自転車を貸してください．」
　　voulez-vous＋不定詞，veux-tu＋不定詞 は頼む時の決まり文句です．
　　Veux-tu me prêter ton vélo?
(14)「エリックは自動車事故で怪我をした．」
　　受動態の複合過去です．《être＋過去分詞》を複合過去にするときの助動詞は avoir です．Eric a été blessé dans un accident de voiture.
(15)「私は彼女がいつ出発するか知らない．」
　　je sais＋疑問詞「～か知っている」Je ne sais pas quand elle part.
(16)「私にはフランス語は難しいと思える．」
　　《trouver＋目的語＋属詞》の構文で「～を…と思う」
　　Je trouve le français difficile.
(17)「数分だけ待てばいい．」
　　《il n'y a qu'à＋不定詞》で「～するだけでいい」
　　Il n'y a qu'à attendre quelques minutes.
(18)「今，買ってきたソフトウェアです．」
　　この c'est ～ que … の que は関係代名詞です．
　　C'est le logiciel que je viens d'acheter
(19)「私は一回もアメリカに行ったことがない．」
　　複合過去形の否定形は助動詞を ne と pas ではさみます．jamais は pas に代わる強調の否定の副詞です．
　　Je n'ai jamais été aux États-Unis.
(20)「私のことなら心配しないでください．」
　　代名動詞 s'inquiéter の否定命令形です．
　　Ne vous inquiétez pas pour moi.

解 答

(1) ③	②	①	④	(2) ②	③	①	④	(3) ④	③	②	①
(4) ②	④	①	③	(5) ④	②	①	③	(6) ②	④	①	③
(7) ①	②	④	③	(8) ②	③	①	④	(9) ①	④	③	②
(10) ④	③	②	①	(11) ①	③	②	④	(12) ①	③	②	④
(13) ④	①	②	③	(14) ①	④	②	③	(15) ②	④	①	③
(16) ②	④	③	①	(17) ③	①	④	②	(18) ③	②	①	④
(19) ④	①	③	②	(20) ②	④	①	③				

問題 6　前置詞

【問題6】は**前置詞**の問題ですが，冠詞との縮約は出題されていません．
　できるだけ多くの文章を読み，その使い方に慣れることが大切です．そのときには音読し，リズムや口調で覚えるといいでしょう．自然に口をついてフレーズが出れば，まちがえることがなくなります．

例題

次の (1)〜(4) の (　) 内に入れるのに最も適切なものを，それぞれ ①〜③ のなかから一つずつ選び，解答欄のその番号にマークしてください．

1

(1)　Il pleut beaucoup (　) juin dans ce pays.
　　① à　　　　　　② en　　　　　　③ sur
(2)　Il travaille (　) 10 heures à 18 heures.
　　① dans　　　　② de　　　　　　③ entre
(3)　Nous avons appris le français (　) l'université.
　　① à　　　　　　② chez　　　　　③ en
(4)　Qu'est-ce que tu as fait (　) les vacances?
　　① en　　　　　② par　　　　　　③ pendant

2

(1)　Est-ce qu'elle a déjà voyagé (　) Italie?
　　① à　　　　　　② chez　　　　　③ en
(2)　J'habite à Paris (　) trois ans.
　　① depuis　　　② entre　　　　　③ par
(3)　Tu vas à école (　) pied?
　　① à　　　　　　② en　　　　　　③ par
(4)　Viens (　) moi ce soir.
　　① chez　　　　② dans　　　　　③ de

まずそれぞれの文の意味を把握し，適切な前置詞を選びましょう．

1

（1）「この地方では6月（　）雨がよく降る」．冠詞なしの月名の前には en がきます．あるいは au mois de juin と言います．

（2）「彼は 10 時（　）18 時まで働く．」時間の起点（～から）をあらわすのは de です．

（3）「私たちはフランス語を大学（　）学ぶ．」大学という組織でというときは à を用います．

（4）「きみは休暇（　）何をしましたか？」期間中をあらわすのは pendant です．

2

（1）「彼女はもうイタリア（　）旅行しましたか？」女性名詞の国の場所を示すには，冠詞なしで en が用いられます．男性名詞の国なら例えば au Japon となります．

（2）「私は 3 年（　）パリに住んでいる．」過去を起点として現在までというときには depuis が用いられます．

（3）「きみは学校に足［歩き］（　）行くのですか？」「歩いて」à pied はまとめて覚えておきましょう．

（4）「今晩，私（　）来なさい．」「～のところ，～の家に」は chez を使います．

解　答

1　(1) ②　　(2) ②　　(3) ①　　(4) ③
2　(1) ③　　(2) ①　　(3) ①　　(4) ①

....

特によく使われる前置詞

前置詞は単語と他の単語と結びつける役割をはたしていますから，そのつながりによって意味が決まります．正確には文全体の流れのなかで意味を把握しましょう．

☑ à 　　～に，へ，で
☑ de 　～の，から，について
☑ en 　～に，で，として
☑ pour 　～のために，にむかって，にさいして

☑ avec 　～と，で，をもって
☑ dans 　～のなかに，で，後に
☑ par 　　～によって，を通って，のときに
☑ sur 　　～の上に，に面して，について

練習問題

1 《時間の前置詞》

日本語の文に対応するフランス語の文になるように，①〜⑦から適当な前置詞を選んで下線部に記入しなさい．下の語群では文頭にくる語も小文字にしてあります．

(1) J'habite à Paris (　　) six mois.
    私はパリに6ヶ月前から住んでいます．

(2) Il est arrivé (　　) la nuit.
    彼は夜の間に到着しました．

(3) Nous partons (　　) cinq jours.
    私たちは5日後に出発します．

(4) (　　) douze ans, elle a été élevée par ses grands-parents.
    12才まで，彼女は祖父母に育てられました．

(5) Venez (　　) midi.
    正午前までに来てください．

(6) (　　) le repas, on va se promener dans la forêt.
    食事のあと，森へ散歩に行きます．

(7) (　　) ses vacances, il s'est bien reposé.
    休暇中，彼はゆっくり休んだ．

① avant　　② dans　　③ depuis　　④ jusqu'à
⑤ durant　　⑥ après　　⑦ pendant

時を表す主な前置詞（1）

- ☐ à　　〜に
- ☐ dès　　〜したらすぐ
- ☐ jusqu'à　　〜まで
- ☐ pour　　〜の予定で
- ☐ dans　　〜の後に
- ☐ de　　〜から
- ☐ en　　〜に，〜で
- ☐ vers　　〜のころ

1 **時間に関する前置詞**をまとめた問題です.

(1) 時間的に「〜から」は,過去を起点とするときには depuis,未来なら à partir de を用います.
　　ex. Nous habiterons ici à partir de demain.
　　　　私たちは明日からここに住みます.
(2) ある期間のうちのどこかの時点で起きたことをいうときには pendant を用いますが,その期間中ずっとという場合には durant を用います.
(3) 現在を起点として「〜後に」というには **dans＋時間**,現在以外を起点として「その〜後に」というには **時間＋après**(例えば cinq jours après「その 5 日後」)を用います.
　　ex. Elle est sortie de l'hôpital deux semaines après l'opération.
　　　　彼女は手術の 2 週間後に退院した.
(4) jusqu'à は場所,時間,程度を示す「〜まで」というときに使われます.
(5) 「〜の前に」という場合,devant は空間的,avant は主に時間的な意味で用います.
　　ex. Notre jardin s'étend devant la maison.
　　　　私たちの庭は家の前に広がっている.
(6) 「〜の後に」という場合,après は主に時間的な意味で用います.
(7) 「〜のあいだ…する」という場合,durant は継続的にすることを,pendant はその間に完了する出来事を指すときに用います.

解答
1 (1) ③　(2) ⑦　(3) ②　(4) ④　(5) ①　(6) ⑥　(7) ⑤

時を表す主な前置詞(2)

(カッコ内は問題番号)

「〜から」
　depuis(過去を起点) (1)
　à partir de(未来を起点)

「〜の後」
　dans(現在を起点) (3)
　après 〜(ある事柄の後) (6)

「〜の間」
　pendant(ある期間中のある時点) (2)
　durant(期間中ずっと) (7)

「まで」
　jusqu'à(ある時期までずっと) (4)
　avant(〜より前) (5)

2 《位置の前置詞》

次の (1)〜(4) の (　) 内に入れるべき最も適当なものを，①〜⑦ のなかから一つずつ選び，番号で答えなさい．

(1) Elles se sont assises (　) un arbre.

(2) Asseyez-vous (　) le fauteuil.

(3) Viens donc t'asseoir (　) nous.

(4) Les étudiants sont assis (　) la chaise.

(5) Nous nous sommes assis (　) table.

(6) Mon père est assis (　) deux dames.

(7) Les garçons étaient assis (　) terre.

　　① parmi　　② par　　③ sous　　④ sur
　　⑤ dans　　⑥ à　　⑦ entre

2 動詞 s'asseoir「座る（動作）」と，その派生語の形容詞 assis(e)「座っている（状態）」を使った，位置を表す前置詞の問題です．

(1)「彼女たちは木の（下に）座った．」

(2)「肘掛け椅子にお座りください．」
「肘掛け椅子に」は dans le fauteuil と覚えてください．

(3)「来て，わたしたち（のなかに）座りなさい．」
parmi は 3 つ以上のものを指す名詞や集合名詞の前に置かれます．

(4)「学生たちは椅子に座っている．」
「椅子に」は sur la chaise です．

(5)「私たちは食卓についた．」
「食卓につく」は s'asseoir (se mettre) à table となります．

(6)「父は二人の女性のあいだに座っている．」
「2 つの〜のあいだ」は entre を用います．

(7)「少年たちは地面に座っていた．」
「地面に」は par terre と無冠詞になります．

解　答

2 (1) ③　(2) ⑤　(3) ①　(4) ④　(5) ⑥　(6) ⑦　(7) ②

位置を表す主な前置詞　（カッコ内は問題番号）

「〜に」　　　à＋場所名 (5)　à＋都市名　　　en＋国名（女性）
「〜の中に」　　dans (2)　　　　　　「〜と〜の間に」 entre (6)
「〜の上に」　　sur　(4)　　　　　　「〜の間に」　　parmi (3)
「〜の下に」　　sous (1)　　　　　　「〜の家に」　　chez
「〜の前に」　　devant　　　　　　　「〜から」　　　de
「〜の後ろに」　derrière　　　　　　「〜を通って」　par

3 《その他の前置詞》

日本語の文に対応するフランス語の文になるように，①〜⑦から適当な前置詞を選んで下線部に記入しなさい．下の語群では文頭にくる語も小文字にしてあります．

(1) Tout le monde est venu, (　) Paul.
みんな来ました，ポールをのぞいて．

(2) Je suis (　) la peine de mort.
私は死刑には反対です．

(3) Je suis (　) ce projet.
私はこの計画に賛成です．

(4) Il est parti (　) son manteau.
彼はコートを着ずに出発した．

(5) Elle est sortie (　) la pluie.
彼女は雨にもかかわらず外出した．

(6) (　) moi, tu as tort.
ぼくに言わせれば，きみが間違っている．

(7) (　) mon avis, tu as raison.
私の意見では，あなたが正しい．

① contre　② selon　③ sans　④ sauf
⑤ malgré　⑥ à　⑦ pour

3 さまざまな前置詞の問題です．

(1)「〜をのぞいて / 以外は」sauf 〜
(2)「〜に反対」contre 〜
(3)「〜に賛成」pour 〜
(4)「着ずに」は「〜なしで」という意味で sans を用います．
(5)「〜の意に反して，にもかかわらず」malgré 〜，また malgré soi「いやいや，不承不承」，malgré tout「是が非でも，やはり」などの使い方もあります．
(6)「〜に従って / に応じて / によると」selon 〜
(7) avis「意見，見解」**à mon avis** とまとめて覚えておきましょう．

解 答

3 (1) ④ (2) ① (3) ⑦ (4) ③ (5) ⑤ (6) ② (7) ⑥

その他の主な前置詞

☐ à	à pied	徒歩で（手段）
	devoirs à faire	するべき宿題（à＋不定詞）
	C'est à moi.	私のです．（être à＋人：所有）
☐ avec	avec elle	彼女と
	avec un stylo	万年筆で
☐ sans	sans toi	君なしで
☐ par	par avion	飛行機で（手段・方法）
☐ pour	pour des enfants	子供達の為に
	pour Rome	ローマに（目的地）
☐ sauf	sauf toi	君を除いて
☐ contre	contre lui	彼に反対して
☐ malgré	malgré ton aide	君の援助にもかかわらず
☐ selon	selon vous	あなたによれば

総合練習問題 （解答は p. 134）

次の (1)〜(30) の (　) 内に入れるのに最も適切なものを，それぞれ ①〜③ のなかから一つずつ選び，解答欄のその番号にマークしてください．

(1) J'ai vécu à Paris (　) 2 ans.
　　① dans　　　　② de　　　　③ pendant

(2) Ce parapluie est (　) moi.
　　① à　　　　② avec　　　　③ de

(3) Il est (　) la maison.
　　① à　　　　② en　　　　③ sous

(4) Je suis libre (　) 6 heures.
　　① après　　　　② de　　　　③ en

(5) Il est arrivé 10 minutes (　) l'heure.
　　① à　　　　② avant　　　　③ devant

(6) Il s'est coupé le doigt (　) un couteau.
　　① avec　　　　② contre　　　　③ pour

(7) Nous allons rester à Paris (　) 3 semaines.
　　① à　　　　② par　　　　③ pour

(8) Il va passer ses vacances (　) ses parents cet été.
　　① à　　　　② chez　　　　③ dans

(9) Paul étudie (　) sa chambre.
　　① de　　　　② chez　　　　③ dans

(10) J'aurai 20 ans (　) un an.
　　① à　　　　② avec　　　　③ dans

(11) Je viens directement ( ) l'université.
　　① de　　　② en　　　③ par

(12) Le directeur de l'école est aimé ( ) tous.
　　① à　　　② avec　　　③ de

(13) ( ) combien de temps apprenez-vous le français?
　　① à　　　② dans　　　③ depuis

(14) Cette maison a été construite ( ) mon grand-père.
　　① chez　　　② de　　　③ par

(15) Elle s'est cachée ( ) sa mère.
　　① devant　　　② derrière　　　③ entre

(16) Il est né ( ) France.
　　① à　　　② dans　　　③ en

(17) Je vais à la fac ( ) métro.
　　① en　　　② par　　　③ pendant

(18) Elle est forte ( ) maths.
　　① à　　　② de　　　③ en

(19) Cet appartement est assez grand ( ) nous.
　　① chez　　　② par　　　③ pour

(20) Place l'échelle ( ) la mur.
　　① avec　　　② contre　　　③ par

まずそれぞれの文の意味を把握し，適切な前置詞を選びましょう．
（1）「私はパリで 2 年（　）生活した．」期間を表すのは pendant.
期間全体にわたることも，期間中のある時点におきることについても言えます．
例 J'ai vu le film pendant mes vacances.「休暇中にその映画を見た．」
（2）「その傘は私のだ．」
所有主をあらわす être à ～ という表現です．
（3）「彼は家（　）います．」
在宅といいたいときは à を用います．
（4）「私は 6 時（　）ひまだ．」
après「以後」です．
（5）「彼は 10 分時間（　）着きました．」
l'heure は「定刻」という意味なので 10 分前か，後ということになり，「前」を表すのは avant です．
（6）「彼はナイフ（　）指を切った．」
se couper は刃物でけがをするという意味で，用具を示すには avec が用いられます．
（7）「私たちはパリへ 3 週間（　）滞在する予定です．」
「予定期間」を示すのは pour です．
（8）「彼は休暇を両親（　）この夏過ごすことにしている．」
「～のところ，～の家に」は chez を使います．
（9）「ポールは自分の部屋（　）勉強している．」
部屋の中（内部）を示すときのは dans です．
（10）「私は 1 年（　）20 歳になります．」
dans のあとに時間がくると「～後」という意味です．
（11）「私は直接大学（　）来ます．」
直接というのですから「大学から」あるいは「大学へ」ということになり，ここでは「大学から」の de しか選択肢がありません．
（12）「校長先生はみんな（　）愛されています．」
受動態で動詞が行為の結果・習慣・状態を表すとき動作主を示すのは de です．
（13）「どれくらい（　）あなたはフランス語を勉強していますか？」
過去のある時点からを示す depuis が用いられ前「～から」ということになります．
（14）「この家は私の祖父（　）建てられた．」
受動態で動詞が行為そのものを表すとき動作主を示すのは par です．

(15)「彼女は母親（　）かくれた.」
　　「かくれる」なら「後に」derrière になるでしょう.
(16)「彼はフランス（　）生まれた.」
　　女性名詞の国の場所を示すには，冠詞なしで en が用いられなす.
(17)「私は大学（学部）に地下鉄（　）で行きます.」
　　交通手段で「地下鉄で」は en métro です.
(18)「彼女は数学（　）強い.」
　　得意な科目を示すときは en を用います.
(19)「このアパルトマンは私たち（　）じゅうぶん広い.」
　　「～にじゅうぶん～だ」assez ～ pour ～ という表現です.
(20)「はしごを壁（　）立てかけて.」
　　contre には対立・反対の意味がありますが，場所を示すときには接触・近接「～にぴったりつけて，～の近くに」という意味になります.

解　答

(1) ③	(2) ①	(3) ①	(4) ①	(5) ②
(6) ①	(7) ③	(8) ②	(9) ③	(10) ③
(11) ①	(12) ③	(13) ③	(14) ③	(15) ②
(16) ③	(17) ①	(18) ③	(19) ③	(20) ②

問題 7　絵を使っての内容一致

【問題 7】は絵とフランス語の内容を一致させる問題です．

日常生活風景のなかでよく目にするものをフランス語で言えるようにすることが大切です．例えば，橋や道路，銀行や郵便局などの**施設や建物の名前，位置関係を示す語**，**物の形や色**，**スポーツ**，**音楽**，**読書などに関連する単語**などです．

語彙を増やすことが，これらの問題を解く鍵です．

次のような基本語彙をチェックしておきましょう．

家族 (la famille)

```
                    (grands-parents 祖父母)
                grand-père ———— grand-mère
                   祖父              祖母
         ┌──────────┴──┐         ┌──────┴──────┐
       père ———— mère           oncle         tante
        父         母             おじ          おば
         (parents 両親)
     ┌─────┼─────┐           ┌──────┴──────┐
   frère (moi) sœur         cousin       cousine
   兄弟    私   姉妹          従兄弟         従姉妹
         ┌──┴──┐
        fils  fille
        息子   娘
```

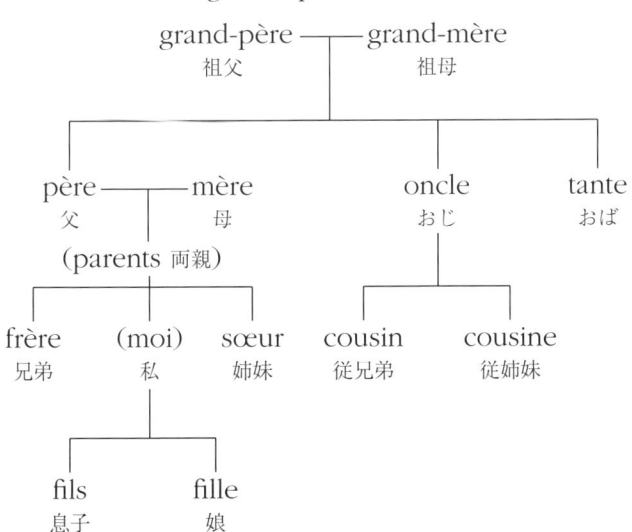

場所の基本名詞・店の名称

- ☑ la ville　　　　　　街
- ☑ l'église (f.)　　　　教会
- ☑ la cathédrale　　　大聖堂
- ☑ la banque　　　　　銀行
- ☑ la poste, le bureau de poste　　郵便局

- ☑ la place　　　　　広場
- ☑ le jardin　　　　　庭園
- ☑ le parc　　　　　　公園
- ☑ le cinéma　　　　映画館
- ☑ le théâtre　　　　劇場

- ☑ la bibliothèque　図書館
- ☑ le musée　　　　美術館・博物館
- ☑ la mairie　　　　市役所
- ☑ le lycée　　　　　高校
- ☑ l'université (f.)　大学

- ☑ le bureau　　　　オフィス
- ☑ le restaurant　　レストラン
- ☑ la piscine　　　　プール
- ☑ le pont　　　　　　橋
- ☑ la gare　　　　　　鉄道の駅

- ☑ l'arrêt (m.)　　　バスの停留所
- ☑ l'usine (f.)　　　工場
- ☑ le salon de coiffure　美容院・理容室
- ☑ le pressing, la blanchisserie　クリーニング店

- ☑ le magasin, la boutique　店
- ☑ le grand magasin　デパート
- ☑ le supermarché　スーパーマーケット
- ☑ le marché　市場

- ☑ le marché aux puces　蚤の市
- ☑ la boulangerie　パン屋
- ☑ la pâtisserie　菓子店
- ☑ la boucherie　肉屋
- ☑ la charcuterie　豚肉製品(ハム・ソーセージ)屋

- ☑ la pharmacie　薬局
- ☑ l'épicerie (f.)　食料品店
- ☑ l'opticien (m.)　眼鏡店
- ☑ la librairie　書店
- ☑ la papeterie　文房具店

- ☑ l'hôtel (m.)　ホテル
- ☑ le café　カフェ
- ☑ la rivière　川
- ☑ le port　港
- ☑ la station　地下鉄の駅

- ☑ l'aéroport (m.)　空港
- ☑ le château　城

1) ［場所を示す表現］

例題 1

次の (1)〜(6) の文は，アランたち 6 人がどこに住んでいるのかを説明しています．絵の ①〜⑥ のなかから，それぞれの家を選び，その番号を解答欄に記入してください．ただし，同じものは 1 度しか用いてはいけません．

(1) Alain habite en face de l'église.
(2) Bernard habite au bord de la rivière.
(3) Claude habite à côté d'un grand arbre.
(4) Daniel habite loin de la ville.
(5) Etienne habite entre le pont et la ville.
(6) Frédérique habite derrière l'église.

位置を示す前置詞(句)を集めた問題です．まとめて覚えておきましょう．また，例題 1・例題 2 に対処するためにも，日常よく行く店，街のなかでランドマークになる場所の名称を，定冠詞をつけて覚えておくとよいでしょう．

(訳)
(1) アランは教会の向かいに住んでいます．
　　(l'église は十字架の印で表されています)
(2) ベルナールは河べりに住んでいます．
(3) クロードは大きな木の側に住んでいます．
(4) ダニエルは街から遠いところに住んでいます．
(5) エチエンヌは橋と街の間に住んでいます．
(6) フレデリックは教会の後ろ(裏)に住んでいます．

解　答

(1) ⑥　　(2) ②　　(3) ③　　(4) ①　　(5) ④　　(6) ⑤

位置を表す前置詞

☐ au bord de	～のほとりに
☐ à droite de	～の右に
☐ à gauche de	～の左に
☐ en face de	～の向かい（正面）に
☐ à côté de	～の横（側，となり）に
☐ autour de	～のまわりに
☐ (tout) près de	～の（すぐ）近くに
☐ loin de	～から遠くに
☐ au coin de	～の角に
☐ au dessus de	～の上のほうに
☐ au dessous de	～の下のほうに

例題 2

次の (1)〜(6) に対応する道順を，下の ①〜⑥ から一つずつ選び，その番号を解答欄に記入してください．ただし同じものは 1 度しか用いては行けません．なお，● は現在地を，太い矢印は進行方向を示します．

(1) Allez tout droit et juste après le cinéma, tournez à gauche.

(2) Allez tout droit jusqu'à la place.

(3) Continuez et tournez à droite avant le pont.

(4) Continuez et traversez le pont.

(5) Prenez la première rue à droite.

(6) Tournez à gauche dans la deuxième rue.

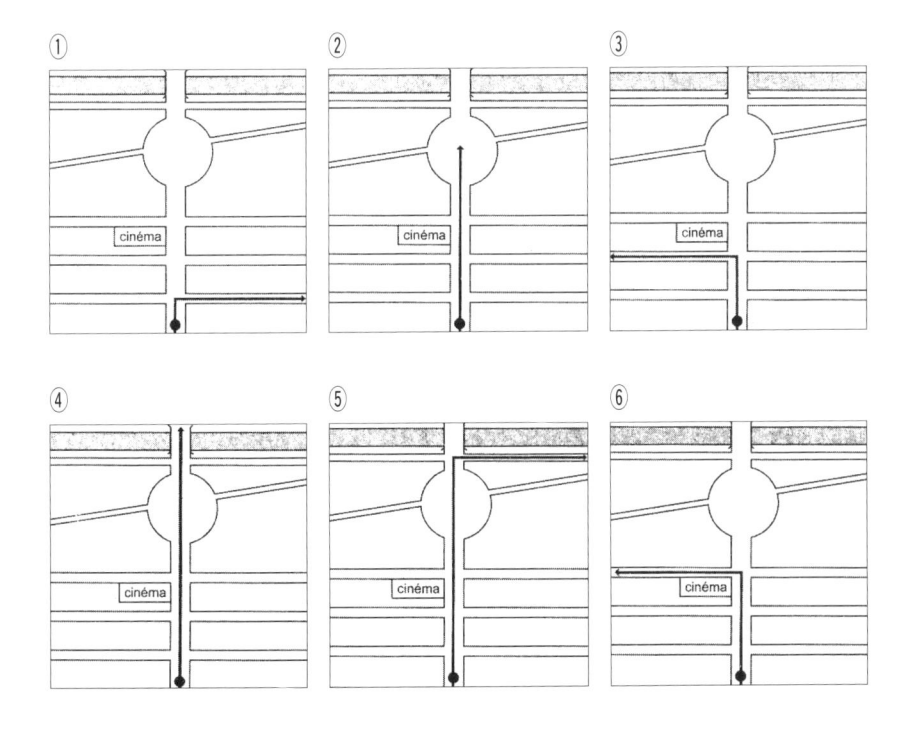

道順を示す表現を集めた問題です．下の基本表現を把握しておきましょう．

(訳)

(1) まっすぐ行って，映画館を過ぎたらすぐ左に曲がりなさい．
(2) 広場までまっすぐ行きなさい．
(3) このまままっすぐ行って，橋の手前で右に曲がりなさい．
(4) このまままっすぐ行って，橋を渡りなさい．
(5) 最初の通りを右に曲がりなさい．
(6) 2つ目の通りを左に曲がりなさい．

解　答

(1) ⑥　　(2) ②　　(3) ⑤　　(4) ④　　(5) ①　　(6) ③

道案内の表現

【道を尋ねる】

☐ **Est-ce qu'il y a** une pharmacie près d'ici?　　この近くに薬局はありますか？
☐ **Où est [se trouve]** la gare, s'il vous plaît?　　駅はどこでしょう？
☐ **Pour** aller à la poste, s'il vous plaît?　　郵便局へはどう行けばいいでしょう？

【道案内をする】

☐ Allez tout droit.　　まっすぐ行きなさい．
☐ Continuez tout droit.　　そのまままっすぐ行きなさい．
☐ Tournez à droite [à gauche] (dans la première [deuxième] rue).
　　（最初の［2番目の...］通りを）右に［左に］曲がりなさい．
☐ Prenez la première [deuxième] rue à droite [à gauche].
　　最初の［2番目の］通りを右に［左に］行きなさい．
☐ jusqu'à… / après… / avant…　　～まで / ～を過ぎたら / ～の手前で

練習問題

1 次のフランス語の文 (1)〜(7) について，下の地図の説明として正しいものには○，間違っているものには×をつけなさい．

(1) Le jardin public se trouve devant l'hôtel.
(2) La pharmacie se trouve à côté de la banque.
(3) Le cinéma se trouve entre le restaurant et l'épicerie.
(4) La boulangerie se trouve en face du cinéma.
(5) La mairie se trouve à droite du lycée.
(6) La poste est tout près de la gare.
(7) L'église n'est pas loin de la mairie.

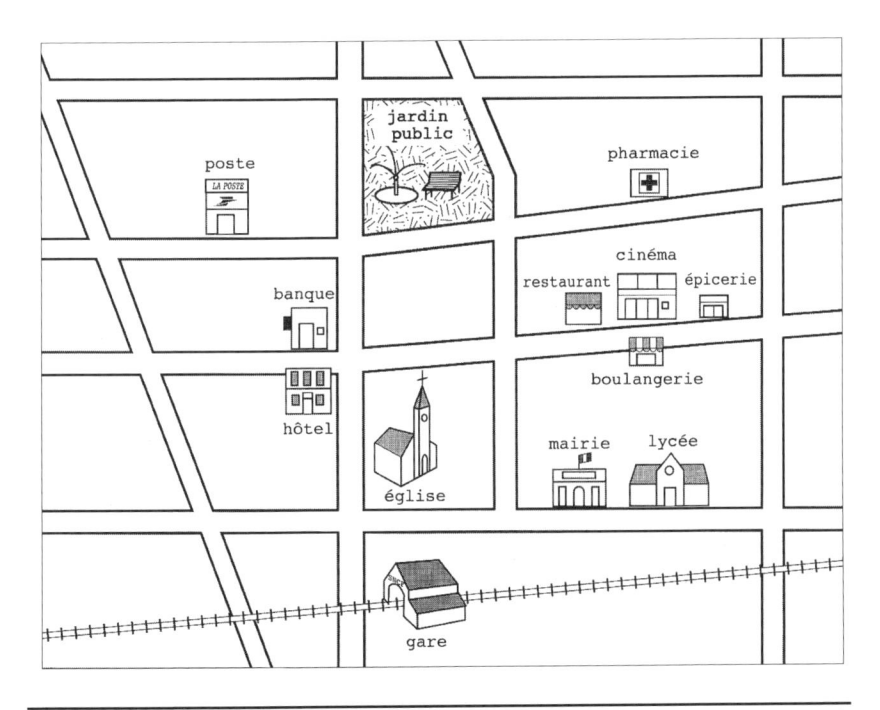

(解答は p. 143)

2 次のフランス語の文 (1)〜(5) が下の地図のなかのどこへ行く道を教えているか，①〜⑥ の記号で答えなさい．

(1) Allez tout droit jusqu'à la place, puis tournez à droite.
(2) Allez tout droit.　Après le supermarché, tournez à gauche.
(3) Continuez tout droit.
(4) Prenez la deuxième rue à gauche.
(5) Passez le pont et tournez à droite.

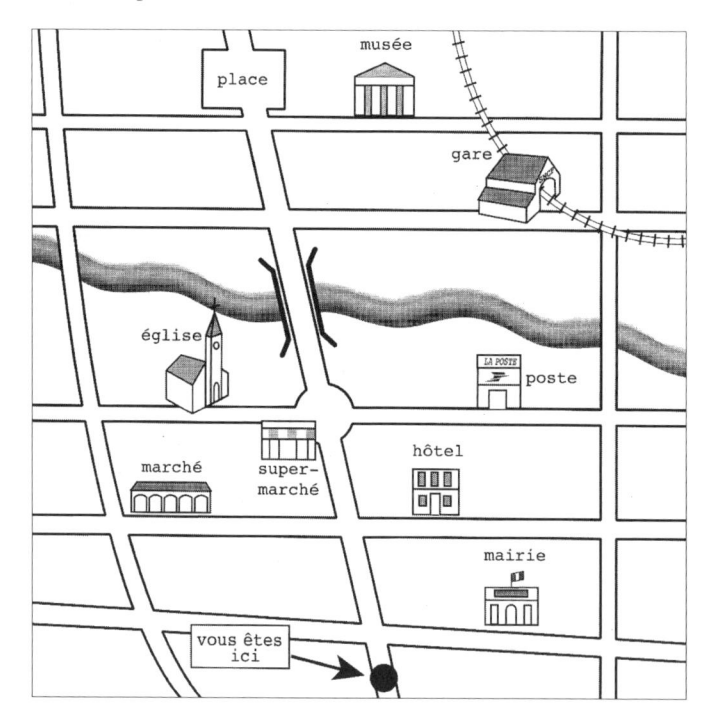

① 教会　　② 美術館　　③ 駅
④ 広場　　⑤ スーパーマーケット　　⑥ 市場

(解答は p. 143)

1 代名動詞 se trouver は être とほぼ同じ、「ある」の意で使われます．

---(訳)---
(1) 公園はホテルの前にあります．
(2) 薬局は銀行のとなりにあります．
(3) 映画館はレストランと食料品店の間にあります．
(4) パン屋は映画館の正面にあります．
(5) 市役所は高校の右にあります．
(6) 郵便局は駅のすぐ近くにあります．
(7) 教会は市役所から遠くはありません．

解　答

1 (1) ×　　(2) ×　　(3) ○　　(4) ○　　(5) ○　　(6) ×　　(7) ○

2 場所の名称と位置関係が把握できれば，迷うことはないでしょう．

---(訳)---
(1) 広場までまっすぐ行って，それから右に曲がりなさい．
(2) まっすぐ行きなさい．スーパーマーケットをすぎたら左に曲がりなさい．
(3) そのまままっすぐ行きなさい．
(4) 2つ目の道を左に曲がりなさい．
(5) 橋を渡って右に曲がりなさい．

解　答

2 (1) ②　　(2) ①　　(3) ④　　(4) ⑥　　(5) ③

2) ［形・色の形容詞］

例題 3

次の (1)〜(6) に最もふさわしい絵を，下の ①〜⑨ のなかから一つずつ選び，解答欄のその番号にマークしてください．ただし，同じものは 1 度しか用いてはいけません．

(1) Il est large d'épaules.
(2) Elle s'habille toujours en noir.
(3) Il choisit une chaise basse.
(4) Elle porte une valise très lourde.
(5) Il montre le chemin à une dame mince.
(6) Elle habite toute seule dans cette grande maison.

形や色に注意して下さい．人や物を観察して，注意深く，見分けましょう．

(1) 動詞は est ＜ être, large「広い」, épaules「肩」
(2) 動詞は s'habille ＜ s'habiller「着る」. noir「黒」（名詞化されたもの）
(3) 動詞は choisit ＜ choisir「選ぶ」, chaise「椅子」, basse「低い」
(4) 動詞は porte ＜ porter「持つ」. valise「スーツケース」, lourde「重い」
(5) 動詞は montre ＜ montrer「見せる」, chemin「道」, mince「細い」
(6) 動詞は habite ＜ habiter「住む」. toute seule「まったく一人で」（男性なら tout seul）, cette「この，その，あの」, grande「大きい」, maison「家」

こうした問題を解くには，動詞の知識とともに，形・色を表す形容詞の語彙（cf. p.147）を豊富にしておくことが大切です．それには反意語や同意語もあわせて覚えるとよいでしょう．

(訳)
(1) 彼は肩幅が広い．
(2) 彼女はいつも黒い服を着ている．
(3) 彼は低い椅子を選んでいる．
(4) 彼女はとても重いスーツケースを運んでいる．
(5) 彼は痩せた女性に道を教えている．
(6) 彼女はたったひとりであの大きな家に住んでいる．

解 答

(1) ⑦　(2) ⑨　(3) ⑤　(4) ④　(5) ②　(6) ③

練習問題

3 図で示された形を表す形容詞を選んで記入しなさい（性数を一致させること）．（解答は p. 148）

(1) La boîte est (　　)．

(2) La table est (　　)．

(3) Elle a les cheveux (　　)．

(4) La tour Eiffel est (　　)．

(5) Le dictionnaire est (　　)．

épais

carré

long

rond

haut

4 文意にあうように，下の語群から適切な色（形容詞）を選んで空欄に記入しなさい．（解答は p. 148）

(1) Le ciel est (　　　)．

(2) La neige est (　　　)．

(3) Le soleil est (　　　)．

(4) Il y a un tableau (　　　) dans la salle de classe.

(5) Quand le feu est (　　　), les voitures ne peuvent pas passer.

blanche　　noir　　rouge　　bleu　　jaune

主な形と色の形容詞

- ☐ rond(e)　　丸い
- ☐ carré(e)　　四角い
- ☐ rectangulaire　　長方形の
- ☐ ovale　　楕円形の
- ☐ triangulaire　　三角形の

- ☐ long (longue)　　長い
- ☐ mince　　薄い
- ☐ haut(e)　　高い
- ☐ court(e)　　短い
- ☐ épais (épaisse)　　厚い
- ☐ bas(basse)　　低い

- ☐ blanc (blanche)　白(い)
- ☐ bleu(e)　　青(い)
- ☐ gris(e)　　グレー(の)
- ☐ blond(e)　　黄金色(の)
- ☐ rouge　　赤(い)
- ☐ jaune　　黄色(い)
- ☐ orange　　オレンジ(の)
- ☐ noir(e)　　黒(い)
- ☐ vert(e)　　緑(の)
- ☐ violet(violette)　紫(の)
- ☐ brun(e)　　茶褐色(の)
- ☐ rose　　ピンク(の)
- ☐ marron　　栗色(の)

3 (1)「箱は**四角い**.」boîte が女性名詞なので carré も女性形 carrée になります.
(2)「テーブルは**丸い**.」table が女性名詞なので rond も女性形 ronde になります.
(3)「彼女は**長い**髪をもっている.」髪 cheveux が男性名詞複数形なので, long も複数形 longs になります.
(4)「エッフェル塔は**高い**.」tour が女性名詞なので haut も女性形 haute になります.
(5)「辞書は**厚い**.」

4 (1)「空は**青い**.」
(2)「雪は**白い**.」男性形は blanc ですが主語が女性名詞ですから女性形になります.
(3) フランス人は「太陽は**黄色い**.」と表現します.
(4)「教室には**黒板**があります.」
(5)「信号が**赤**のときは,自動車は進むことができません.」

解 答

3 (1) carrée (2) ronde (3) longs (4) haute (5) épais
4 (1) bleu   (2) blanche (3) jaune (4) noir   (5) rouge

その他の形容詞 (1) 〔その他の形容詞 (2) は p. 154 参照〕

反対語で覚えておきましょう.

☐ petit(*e*)	小さい	↔	grand(*e*)	大きい
☐ bas (*basse*)	低い	↔	haut(*e*)	高い
☐ léger (*légère*)	軽い	↔	lourd(*e*)	重い
☐ étroit(*e*)	狭い	↔	large	広い
☐ bon (*bonne*)	よい, おいしい	↔	mauvais(*e*)	悪い, まずい
☐ chaud(*e*)	熱い, 暑い	↔	froid(*e*)	冷たい, 寒い
☐ clair(*e*)	明るい	↔	sombre	暗い
☐ faible	弱い	↔	fort(*e*)	強い
☐ sale	汚い	↔	propre	清潔な
☐ difficile	難しい	↔	facile	簡単な
☐ riche	裕福な	↔	pauvre	貧しい
☐ gai(*e*)	陽気な	↔	triste	悲しい

3) ［動詞］

―― 例 題 4 ――

次の (1)〜(6) に最もふさわしい絵を，下の ①〜⑨ のなかから一つずつ選び，解答欄のその番号にマークしてください．ただし，同じものは 1 度しか用いてはいけません．

(1) Paul prend son déjeuner avec ses amis.
(2) Paul prend son petit déjeuner avec son père.
(3) Paul promène son chien.
(4) Paul regarde la télévision.
(5) Paul regarde un film au cinéma.
(6) Paul se promène avec son père.

筆記試験問題

ポールの日常的な行動を表す文です．主語はすべてポールです．いくつか同じような名詞や動詞が混在しています．注意深く，見分けましょう．

(1) 動詞は prend ＜ prendre. déjeuner「昼食」, amis「ともだち」
(2) 動詞は prend ＜ prendre. petit déjeuner「朝食」, père「父」
(3) 動詞は promène ＜ promener「散歩させる」, 他動詞です．(6) の代名動詞と区別しましょう．
(4) 動詞は regarde ＜ regarder「見る」, télévision「テレビ」
(5) 動詞は regarde ＜ regarder「見る」, film「映画」, cinéma「映画館」
(6) 動詞は se promène ＜ se promener「散歩する」, 代名動詞です．

----- (訳) -----
(1) ポールは友人達と昼食をとる．
(2) ポールは父親と朝食をとる．
(3) ポールは自分の犬を散歩させる．
(4) ポールはテレビを見る．
(5) ポールは映画館で映画を見る．
(6) ポールは父親と散歩する．

解 答
(1) ①　(2) ③　(3) ⑥　(4) ⑧　(5) ⑨　(6) ⑤

日常生活のさまざまな動作を示す動詞 (1)

☐ apprendre	学習する	☐ s'amuser	遊ぶ
☐ aider	手伝う	☐ attendre	待つ
☐ boire	飲む	☐ chanter	歌う
☐ chercher	さがす	☐ conduire	運転する
☐ courir	走る	☐ se dépêcher	急ぐ
☐ descendre	降りる	☐ discuter	議論する
☐ dormir	眠る	☐ écouter	聞く
☐ écrire	書く	☐ enseigner	教える
☐ faire le ménage	家事をする	☐ faire sa toilette	洗面をする
☐ faire des [ses] courses	買い物をする	☐ fermer	閉める

練習問題

5 Paul のある 1 日です．（　）内の日本語に対応する動詞を，下の語群から選んで空欄に入れなさい．同じ動詞を何度使ってもかまいません．

(1)	7 : 25	(　　　)		（目を覚ます）
(2)	7 : 30	(　　　)		（起きる）
(3)	7 : 35	(　　　) une douche		（シャワーをあびる）
(4)	7 : 50	(　　　)		（着替える）
(5)	7 : 55	(　　　) le petit déjeuner		（朝食をとる）
(6)	8 : 15	(　　　) de sa maison		（家を出る）
(7)	8 : 25	(　　　) le métro		（地下鉄に乗る）
(8)	8 : 50	(　　　) à la faculté		（大学に着く）
(9)	9 : 00	(　　　) les cours		（授業を受ける）
(10)	12 : 20	(　　　) avec des amis		（友達と昼食をとる）
(11)	15 : 00	(　　　) à la bibliothèque		（図書館で勉強する）
(12)	17 : 00	(　　　) au tennis		（テニスをする）
(13)	18 : 30	(　　　) chez lui		（家に帰る）
(14)	19 : 30	(　　　) avec sa famille		（家族と夕食をとる）
(15)	20 : 30	(　　　) la télé		（テレビを見る）
(16)	22 : 00	(　　　)		（読書する）
(17)	23 : 00	(　　　) au lit		（就寝する）

aller	rentrer	se réveiller	sortir	prendre	se lever
arriver	travailler	suivre		dîner	jouer	déjeuner
regarder	s'habiller	lire			

---

6 上の問題の動詞を，すべて主語を il にして直説法現在形に活用させなさい．

5 ここでは動詞が不定詞になっています．辞書の見出しでもある基本形ですから，正確に綴りを覚えましょう．
 (1)(2)(4) 代名動詞に注意しましょう．
(6)「家から外に出る．」
(7)「乗る」という動詞には monter もありますがそのときには monter dans le métro となります．
(9) faculté「大学」に着いたのですから cours は「授業」という意味になります．
(10)(14) これらの動詞には同じ綴りの名詞もあります．avec 〜 は「〜といっしょに」
(11)「勉強」するという動詞は「働く」という意味にもなります．
(13) chez 〜 は「〜の家へ」，chez lui「彼の自宅へ(帰る)」
(16) lire はとくに目的語がないときは「本を読む」という意味です．
(17)「寝る」という動詞 se coucher もありますが「ベッドに行く＝寝る」，という熟語です．être au lit だと「ベッドに入っている＝就寝している」という意味になります．

解答

5 (1) se réveiller (2) se lever (3) prendre (4) s'habiller
  (5) prendre (6) sortir (7) prendre (8) arriver
  (9) suivre (10) déjeuner (11) travailler (12) jouer
  (13) rentrer (14) dîner (15) regarder (16) lire
  (17) aller

6 不定詞で語彙が確認できたら，il (＝Paul) を主語にして，直説法現在形に活用させてみましょう．suit＞suivre, lit＞lire, va＞aller など，不規則な形に注意しましょう．

解答

6 (1) se réveille (2) se lève (3) prend (4) s'habille
  (5) prend (6) sort (7) prend (8) arrive
  (9) suit (10) déjeune (11) travaille (12) joue
  (13) rentre (14) dîne (15) regarde (16) lit
  (17) va

7 A群とB群を，意味がつながるように線で結びなさい．

A	B
(1) conduire ·	· la fenêtre
(2) enseigner ·	· la cathédrale
(3) ouvrir ·	· le français
(4) jouer ·	· une voiture
(5) partir ·	· un taxi
(6) faire ·	· de la guitare
(7) prendre ·	· un roman policier
(8) lire ·	· une lettre
(9) écrire ·	· le dîner
(10) visiter ·	· des amis
(11) inviter ·	· une promenade
(12) préparer ·	· en vacances

日常生活のさまざまな動作を示す動詞 (2)

- ☐ fumer　たばこを吸う
- ☐ installer　据える
- ☐ inviter　招く
- ☐ nettoyer　掃除する
- ☐ parler　話す
- ☐ payer　支払う
- ☐ préparer　準備する
- ☐ prêter　貸す
- ☐ se promener　散歩する
- ☐ réserver　予約する
- ☐ utiliser　使う
- ☐ voir　見る
- ☐ habiter　住む
- ☐ interdire　禁ずる
- ☐ manger　食べる
- ☐ ouvrir　開く，開ける
- ☐ partir　出発する
- ☐ prendre un bain　入浴する
- ☐ présenter　紹介する
- ☐ rentrer　帰る
- ☐ se reposer　休む
- ☐ téléphoner　電話する
- ☐ visiter　訪れる
- ☐ voyager　旅行する

7 （1）車を運転する．　　　　（7）タクシーに乗る．
　（2）フランス語を教える．　（8）推理小説を読む．
　（3）窓を開ける．　　　　　（9）手紙を書く．
　（4）ギターを弾く．　　　　（10）大聖堂をおとずれる．
　（5）バカンスに出発する．　（11）友人を招待する．
　（6）散歩する．　　　　　　（12）夕食の支度をする．

解 答

7 （1） une voiture　　（2） le français　　（3） la fenêtre
　（4） de la guitare　（5） en vacances　（6） une promenade
　（7） un taxi　　　　（8） un roman policier　（9） une lettre
　（10） la cathédrale　（11） des amis　　（12） le dîner

その他の形容詞（2）

☐ jeune　　　　　　若い　　　↔ vieux (*vieille*)　　年老いた
　　　　　　　　　　　　　　　　（男性単数第 2 形* vi*eil*)
☐ nouveau (*nouvelle*)　　　↔ ancien (*ancienne*)　古い，昔の
　　　　　　　　　　新しい
（男性単数第 2 形* nouv*el*, 男性複数形は nouv*eaux*, 女性複数形は nouv*elles*)
☐ fermé(*e*)　　　閉じている　↔ ouvert(*e*)　　　　開いている
☐ vrai(*e*)　　　　本当の　　　↔ faux (*fausse*)　　偽りの
　＊男性単数第 2 形というのは，母音または無音の h で始まる語の前で用いられる形．
　　例：nouvel an「新年」，vieil homme「老人」

☐ agréable　　　　快い　　　　↔ **dés**agréable　　不快な
☐ capable (de)　　…できる　　↔ **in**capable (de)　…できない
☐ content(*e*)　　満足している　↔ **mé**content(*e*)　不満の
☐ heureux (*heureuse*)　　　↔ **mal**heureux (*malheureuse*)
　　　　　　　　　幸せな　　　　　　　　　　　　　　不幸な
☐ ordinaire　　　　普通の　　　↔ **extra**ordinaire　なみ外れた
☐ normal(*e*)　　　正常な　　　↔ **a**normal(*e*)　　異常な
　（男性複数形は norm*aux*,　　　（男性複数形は anorm*aux*,
　　女性複数形は norm*ales*)　　　　女性複数形は anorm*ales*)

総合練習問題 （解答は p. 160）

次の 1～4 で (1)～(6) の内容に最もふさわしい絵を，下の ①～⑨ の絵のなかから一つずつ選び，その番号を答えなさい．ただし，同じものは 1 度しか用いてはいけません．

1

(1) Ce matin, il a bu un bol de café au lait.
(2) On a fait la queue à l'entrée du cinéma.
(3) Il s'est lavé les mains avant de manger.
(4) Il a passé un examen de mathématiques.
(5) Il s'est promené avec son chien.
(6) Il a pris un bain à 9 heures du soir.

2

(1) Pauline se lève à 6 : 30.

(2) Pauline prend l'autobus pour aller au travail.

(3) Pauline achète un journal dans un kiosque.

(4) Pauline prend son déjeuner dans un café.

(5) Pauline travaille dans une banque.

(6) Pauline va à la piscine le samedi soir.

3

(1) Ils ont visité le musée du Louvre.
(2) Ils ont pris un taxi.
(3) Ils ont dîné dans un restaurant.
(4) Ils ont fait un petit voyage à la campagne.
(5) Ils ont acheté un vieux vase aux puces.
(6) Ils ont fait des achats dans un grand magasin.

4

(1) Il laisse sa valise à la consigne automatique.
(2) Il loue une voiture.
(3) Il achète des billets au guichet.
(4) Il reçoit un plan de Paris au bureau d'informations.
(5) Il change des yens en euros.
(6) Il met une lettre à la boîte.

1 (1) a bu ＜ boire.
(2) a fait ＜ faire　faire la queue で「列をつくる」です．
(3) s'est lavé ＜ se laver　les mains「（自分の）手を洗う」（代名動詞の助動詞は être）．
(4) a passé ＜ passer　passer は「（ものを）手渡す」「（試験を）受ける」など，他動詞として使われるときは助動詞 avoir,「（自分やものが）通る」の意味で自動詞として使われるときは助動詞 être になります．
(5) s'est promené ＜ se promener　「散歩する」（代名動詞の助動詞は être）
(6) a pris ＜ prendre　prendre un bain で「風呂に入る」

------（訳）------
(1) 今朝，彼は椀一杯のカフェオレを飲んだ．
(2) 映画館の前に列ができた．
(3) 彼は食べる前に手を洗った．
(4) 彼は数学の試験を受けた．
(5) 彼は犬を連れて散歩した．
(6) 彼は夜の 9 時に入浴した．

2 (1) se lève ＜ se lever
(2) prend ＜ prendre
(3) achète ＜ acheter「買う」　フランスでは新聞配達制度はなく，キオスクやカフェなどで買います．キオスクは駅だけではなく，路上にもあります．
(4) 昼食を出すカフェも多く存在します．
(5) travaille ＜ travailler「働く」（「勉強する」という意味もあります）．
(6) le samedi soir「いつも土曜の夜には」

------（訳）------
(1) ポーリーヌは 6 時 30 分に起きる．
(2) ポーリーヌはバスで仕事に行く．
(3) ポーリーヌはキオスクで新聞を買う．
(4) ポーリーヌはカフェで昼食をとる．
(5) ポーリーヌは銀行で働いている．
(6) ポーリーヌは土曜の夜はプールに行く．

3 (1) ont visité ＜ visiter　「（ある場所を）訪れる」人には用いません．
(2) ont pris ＜ prendre　prendre＋乗り物　「～に乗る」

(3) ont dîné ＜ dîner「夕食を食べる」
(4) ont fait ＜ faire　faire un voyage... で「～を旅行する」 voyager と同じ意味になります．
(5) ont acheté ＜ acheter
(6) ont fait ＜ faire des achats「買い物をする」 慣用的な言いまわしです．

----(訳)----
(1) 彼らはルーヴル美術館を見学した．
(2) 彼らはタクシーに乗った．
(3) 彼らはレストランで夕食をとった．
(4) 彼らは田舎へ小旅行をした．
(5) 彼らはノミの市で古いつぼを買った．
(6) 彼らはデパートで買い物をした．

4 (1) consigne「荷物預かり」
(2) louer「借りる」
(3) billet「切符」
(4) plan「地図」
(5) changer A en B「（通貨）A を（通貨）B にかえる」
(6) boîte「箱」ですが，une lettre があるので「郵便ポスト」の意味になります．boîte à lettres, poste という言い方もあります．

----(訳)----
(1) 彼はコインロッカーにスーツケースを預ける．
(2) 彼はレンタカーを借りる．
(3) 彼は切符を窓口で買う．
(4) 彼は案内所でパリの地図を貰う．
(5) 彼は円をユーロに両替えする．
(6) 彼は手紙をポストに入れる．

解　答

	(1)	(2)	(3)	(4)	(5)	(6)
1	⑧	④	②	⑥	③	⑦
2	④	⑥	②	⑤	⑧	①
3	⑤	①	⑦	③	⑧	④
4	③	④	⑤	⑨	⑦	②

問題 8　会話文

　【問題 8】は**会話文を読み取る問題**です．書かれている会話文ですから，あわてずに読んでください．語彙を増やし，会話表現に慣れることが，正確な理解の土台です．店の名前，時間，日常の動作，道案内などの基本単語をコラムでまとめていますので，覚えているかどうかを確かめてください．また，それらを組み合わせるパターンもまとめていますので，繰り返し練習して，確実に身につけてください．

例題 1

　地下鉄の駅で偶然出会ったセシルとジュリアンの会話を読んで，下の (1)〜(6) について，会話の内容に一致する場合は解答欄の ① に，一致しない場合は ② にマークしてください．

Cécile : Tiens !　C'est toi, Julien.　Quelle surprise !　Ça va ?
Julien : Bonjour, Cécile !　Oui, ça va, merci.　Tu vas où ?
Cécile : Je vais au grand magasin faire des courses.　Et toi ?
Julien : Moi, je vais à la bibliothèque pour préparer un examen.
Cécile : Tu es pressé, Julien ?
Julien : Non, je ne suis pas pressé.
Cécile : Alors, on va au café et on discute un petit peu ?
Julien : Bonne idée !　Je connais un bon café à côté de cette station.

(1)　セシルはデパートに行くところだ．
(2)　ジュリアンは本屋に行くところだ．
(3)　ジュリアンは試験の準備をする．
(4)　セシルとジュリアンは共に急いでいる．
(5)　セシルはジュリアンをレストランに誘っている．
(6)　駅の近くにジュリアンの知っているいい喫茶店がある．

友人同士の会話です．もちろん，tu を使って話しています．各問で注意するのは

(1) au grand magasin「デパートに」がわかれば簡単です．faire des courses「買い物をする」も覚えましょう．
(2) à la bibliothèque「図書館に」と言っています．
(3) pour préparer un examen が「試験の準備をするために」です．
(4) Non, je ne suis pas pressé.「いや，急いでないよ」と否定しています．
(5) au café は「喫茶店に」です．
(6) ジュリアンの最後のセリフの意味はこの問のとおりです．
connais ＜ connaître「知っている」

解　答

(1) ①　　(2) ②　　(3) ①　　(4) ②　　(5) ②　　(6) ①

---

12 ヶ月 (douze mois)

☐ janvier	1 月
☐ février	2 月
☐ mars	3 月
☐ avril	4 月
☐ mai	5 月
☐ juin	6 月
☐ juillet	7 月
☐ août	8 月
☐ septembre	9 月
☐ octobre	10 月
☐ novembre	11 月
☐ décembre	12 月

曜日 (semaine)

☐ lundi	月曜日
☐ mardi	火曜日
☐ mercredi	水曜日
☐ jeudi	木曜日
☐ vendredi	金曜日
☐ samedi	土曜日
☐ dimanche	日曜日

季節 (saison)

☐ (au) printemps	春(に)
☐ (en) été	夏(に)
☐ (en) automne	秋(に)
☐ (en) hiver	冬(に)

例題 2

フランス語クラスのクリスチーヌ先生と恵美の会話を読み，下の (1)〜(6) について，会話の内容に一致する場合は解答欄の ① に，一致しない場合は ② にマークしてください．

Christine : Bonjour à tous! Alors, qu'est-ce que vous avez fait hier? Racontez-moi un peu. D'abord toi Emi, qu'as-tu fait hier?
Emi : Hier, je me suis levée tard, et l'après-midi je suis allée au Centre Commercial.
Christine : Toute seule?
Emi : Non, avec mes camarades japonaises.
Christine : Vous y êtes allées à pied?
Emi : Non, en autobus. Mais nous nous sommes trompées de ligne.
Christine : Vous n'avez pas eu de chance. Et qu'est-ce que vous avez acheté?
Emi : Moi, rien, mais Takako a acheté un dictionnaire français-anglais et quelques CD.

(1) 先生は昨日みんなが何をしたか尋ねた．
(2) 恵美は昨日，早起きした．
(3) 恵美は午後からショッピングセンターに行った．
(4) 恵美はショッピングセンターにひとりで行った．
(5) 恵美はバスの路線を間違えた．
(6) 恵美は仏英辞典と CD を買った．

前日に行ったことが話題になっているので，動詞が **複合過去** になっています．複合過去形を抜き出してみましょう．助動詞と過去分詞に注意しましょう．

vous avez fait	:	faire
je me suis levée	:	se lever
je suis allée	:	aller
Vous y êtes allées	:	aller
nous nous sommes trompées	:	se tromper
Vous n'avez pas eu	:	avoir
Takako a acheté	:	acheter

(全訳)

(「ク」は「クリスチーヌ」，「エ」は「エミ」の略です．)

ク：みなさんこんにちは．さてみなさんは昨日何をしましたか．少し聞かせてください．まず，恵美さん，あなたは何をしましたか？
エ：昨日，わたしは遅く起きて，午後にショッピングセンターに行きました．
ク：一人でですか．
エ：いいえ，日本人の友人たちといっしょに．
ク：歩いて行ったのですか？
エ：いいえ，バスで．でも路線を間違えてしまいました．
ク：それはついてなかったですね．それで，何を買いましたか？
エ：わたしは何も買いませんでしたが，タカコが仏英辞典とCDを何枚か買いました．

解 答

(1) ①　　(2) ②　　(3) ①　　(4) ②　　(5) ①　　(6) ②

時の副詞

☐aujourd'hui	今日	☐matin	朝	☐ce matin	今朝
☐hier	昨日	☐après-midi	午後	☐cet après-midi	今日の午後
☐demain	明日	☐soir	夕・夜	☐ce soir	今夕
☐après-demain	あさって	☐nuit	夜	☐cette nuit	今夜
☐avant-hier	おととい				

cf. demain matin,　demain après-midi,　hier matin,　hier soir *etc.*

練習問題

1 次の文は郵便局の窓口での Simone（11 才）と la postière との会話です．下の (1)〜(6) について，会話の内容に一致する場合は解答欄の ① に，一致しない場合は ② にマークしてください．

La postière : Alors, qu'est-ce que tu veux ?
Simone : Je voudrais envoyer cette lettre au Japon, madame.
La postière : Oui, par avion ?
Simone : Par avion.
La postière : Bon, alors, tu me la donnes, je te la pèse …
　　　　　　　Il faut l'affranchir à 1 euro 10.
Simone : Comment ?　Je n'ai pas compris.
La postière : Je dis qu'il faut payer 1 euro 10.
Simone : Ah bon.　Voilà.
　[Elle lui donne une pièce de 2 euros.]
La postière : Merci.　Et voilà, 1,10,2.
Simone : Merci, madame.　Au revoir, madame.
La postière : Au revoir, mademoiselle.

(1)　シモーヌは手紙をフランスにを送った．
(2)　シモーヌは手紙を航空便で送った．
(3)　シモーヌは必要な料金を知っていた．
(4)　郵便局員は手紙の重さを量った．
(5)　シモーヌは 1 euro 10 の切手を 2 枚買った．
(6)　シモーヌはお釣りのでないように代金を支払った．

1 女性の郵便局員 **la postière** の言葉をまず訳してみます．

「さあ，何でしょうか？」
「はい，航空便ですか？」
「では，それをこちらにください．計りますから．1 ユーロ 10 サンチームの切手を貼らなくてはね．」
「1 ユーロ 10 サンチーム払ってください，と言ったのよ．」
［シモーヌが局員に 2 ユーロ硬貨を渡す．］
「ありがとう，ではお釣りね，1 ユーロ 10, 2 ユーロ．」
（お釣りの出し方は，まず代金を言い，端数の 90 サンチームを出して，合計で 2 ユーロという足算の計算になります．）
「さようなら．」

シモーヌは手紙か何かを航空便で送りに来たらしいという状況が分かったと思います．
シモーヌのことばを検討してみましょう．

「この手紙を日本に送りたいんですが．」
（voudrais ＜ vouloir の条件法現在で，丁寧な言い方になります．日常会話ではよく使われますので覚えておいてください．）
「航空便で．」
「何ですか，分からなかったんですが．」
「ああ，はいどうぞ．」（何かを差し出すときの決った表現です．）
「ありがとう，さようなら．」

解　答

1 (1) ②　　(2) ①　　(3) ②　　(4) ①　　(5) ②　　(6) ②

2 次の文は Cécile と Luc との会話です．下の (1)～(6) について，会話の内容に一致する場合は解答欄の ① に，一致しない場合は ② にマークしてください．

Cécile : Allô! c'est Luc? Ici, Cécile. Qu'est-ce que tu fais? Il est déjà dix-neuf heures. Je t'attends depuis une heure!

Luc : Comment? Une heure? Mais on se voit à vingt heures, n'est-ce pas?

Cécile : Ça alors! Je t'ai dit exactement : devant le cinéma, à dix-huit heures.

Luc : Oh, je suis vraiment désolé. Je me suis trompé. Alors, j'arrive tout de suite. Tu peux m'attendre encore un peu?

Cécile : OK. Mais dépêche-toi! La prochaine séance est à dix-neuf heures quarante.

Luc : D'accord. Ne sois pas fâchée, je t'en prie. À tout à l'heure.

(1) リュックは待ち合わせに1時間遅れている．

(2) セシルとリュックは駅で待ち合わせた．

(3) リュックは待ち合わせ場所を間違えた．

(4) セシルは怒って帰った．

(5) セシルとリュックは映画を見ようとしていた．

(6) リュックは次の日に約束を変更した．

2 友人同士の会話です．もちろん，tu を使って話しています．各問で注意するのは

(1) Je t'attends depuis une heure!「1 時間前から待っている」のです．
(2) devant le cinéma「映画館の前で」と言っています．
(3) on se voit à vingt heures リュックは「20 時に会う」つもりだったのです．
(4) OK. Mais dépêche-toi!「わかった．急いでよ．」といっています．
(5) le cinéma の La prochaine séance は「次回の上映」です．
(6) À tout à l'heure.「すぐに」と言っていますから，今日のことです．

解 答

1 (1) ①　　(2) ②　　(3) ②　　(4) ②　　(5) ①　　(6) ②

時刻の表現

Quelle heure est-il (maintenant) ?	(今)何時ですか？
— Il est une heure.	1 時です．
deux heures dix.	2 時 10 分です．
trois heures et quart.	3 時 15 分です．
quatre heures vingt.	4時20分です．
cinq heures et demie.	5 時半です．
six heures moins vingt.	6 時 20 分前です．
sept heures moins le quart.	7 時 15 分前です．
huit heures moins dix.	8 時 10 分前です．
midi.	正午です．
minuit.	午前 0 時です．

3 次の文は Pierre と Louise との会話です．下の (1)～(6) について，会話の内容に一致する場合は解答欄の ① に，一致しない場合は ② にマークしてください．（解答は p. 172）

Pierre : Aujourd'hui, on va à la bibliothèque ou à la piscine ?　On va travailler ou faire du sport ?　Il faut choisir.
Louise : Moi, je préfère aller à la piscine.　Mais toi, tu as déjà fini tes devoirs ?
Pierre : Non, pas encore… Mais, il fait si beau.　C'est un temps idéal pour faire de la natation.
Louise : Mais tu n'as pas de temps, n'est-ce pas ?　Alors, nous allons d'abord à la bibliothèque pour finir tes devoirs, et ensuite à la piscine.　D'accord ?
Pierre : C'est une bonne idée.　Tu as raison !　Bon, on y va.　N'oublie pas ton maillot !

(1) ピエールとルイーズは週末の予定を話している．
(2) ピエールは図書館かプールか，どちらに行くか迷っている．
(3) ルイーズは図書館に行きたがっている．
(4) ピエールは宿題をすませていない．
(5) 今日は雨が降っている．
(6) 二人は結局図書館には行かない．

4 次の文は Masako とホテルのフロント係 le réceptionniste との会話です．下の (1)〜(6) について，会話の内容に一致する場合は解答欄の ① に，一致しない場合は ② にマークしてください．(解答は p. 172)

Masako : Excusez-moi, pour aller au Sacré-Cœur, s'il vous plaît ? Pourriez-vous me montrer sur ce plan ?
Le réceptionniste : Bien sûr, mademoiselle. Vous pouvez prendre le métro, c'est plus rapide.
Masako : Où est la station de métro la plus proche ?
Le réceptionniste : Ici, c'est Palais Royal. Prenez la direction La Défense. Changez à Charles de Gaulle-Étoile, prenez la direction Nation et descendez à Anvers. Ensuite, vous pouvez prendre le funiculaire.
Masako : D'accord. Merci beaucoup monsieur.
Le réceptionniste : Je vous en prie, mademoiselle.

(1)　マサコはサクレ=クール寺院に行きたい．

(2)　地下鉄を使うと，時間はかかるが便利だ．

(3)　最寄りの地下鉄駅は「デファンス」駅だ．

(4)　乗り換える必要はない．

(5)　アンヴェール駅で地下鉄を降りる．

(6)　地下鉄を降りたらケーブルカーがある．

5 次の文は Paul と レストランの給仕長 le maître d'hôtel との予約の電話での会話です．下の (1)〜(6) について，会話の内容に一致する場合は解答欄の ① に，一致しない場合は ② にマークしてください．(解答は p. 172)

Paul	:	Allô, je voudrais réserver une table pour demain soir.　C'est possible ?
Le maître d'hôtel	:	Désolé.　Demain soir, c'est complet, monsieur.
Paul	:	Quel dommage !　Alors, pour samedi soir ?
Le maître d'hôtel	:	À quelle heure ?
Paul	:	À 8 heures.
Le maître d'hôtel	:	Pour combien de personnes ?
Paul	:	Pour 4 personnes.
Le maître d'hôtel	:	4 personnes, samedi soir à 8 heures, il n'y a pas de problème.　C'est à quel nom ?
Paul	:	Mon nom est Paul Dupont.
Le maître d'hôtel	:	Entendu.　Merci, au revoir, monsieur.
Paul	:	Au revoir.

(1)　ポールはできれば今夜食事をしたかった．

(2)　明日の夜は予約がいっぱいで食事できない．

(3)　土曜日の昼食なら予約できる．

(4)　土曜日の 8 時では遅すぎる．

(5)　土曜日に 4 人分の席なら予約できる．

(6)　予約をするために，電話番号を言った．

3 友人同士の会話です．tu を使って話しています．
  (1) Aujourd'hui「今日」のことです．
  (2) à la bibliothèque ou à la piscine「図書館かプールに」と言っています．
  (3) je préfère aller à la piscine. は「プールに行きたい」です．
  (4) Non, pas encore…「いや，まだ…」と言っています．
  (5) il fait si beau. は「こんなに天気がよい」です．
  (6) et ensuite à la piscine「それからプールに」両方行くことになったのです．

4 (1) pour aller à 〜, s'il vous plaît.「〜へはどう行けばいいでしょう」Pourriez-vous me montrer sur ce plan?「この地図で示していただけますか？」という表現も覚えておくと便利です．
  (2) 地下鉄を使えば c'est plus rapide「もっと早い」のです．
  (3) 最寄りの地下鉄駅は Palais Royal「パレ　ロワイヤル」です．パリの地下鉄は終点の駅名で乗る路線を示します．Palais Royal から la direction La Défense「デファンス方面」に乗りなさいと言っています．
  (4) Changez à Charles de Gaulle-Étoile「シャルル＝ド・ゴール—エトワール駅で乗り換えなさい」と言っています．「ナシオン方面」に乗り換えるのです．
  (5) descendez ＜ descendre「降りる」
  (6) vous pouvez prendre le funiculaire.「ケーブルカー乗ることもできます．」

5 電話でレストランの予約をするやりとりです．
  (1) 最初は pour demain soir「明日の夜」の予約がしたかったのです．
  (2) Désolé. Demain soir, c'est complet.「申し訳ありません．明日の夜は満席となっております．」complet はホテルや劇場などでも用いられる表現です．
  (3) samedi soir「土曜日の夜」ですから夕食です．
  (4) A 8 heures. で il n'y a pas de problème「問題ない」と言っています．
  (5) Pour 4 personnes.「4 人分」で pas de problème です．
  (6) C'est à quel nom?「ご予約のお名前は？」まず名前を聞かれます．

解　答											
3	(1)	②	(2)	①	(3)	②	(4)	①	(5)	②	(6)	②
4	(1)	①	(2)	②	(3)	②	(4)	②	(5)	①	(6)	①
5	(1)	②	(2)	①	(3)	②	(4)	②	(5)	①	(6)	②

聞き取り試験問題

注 意 事 項

1 聞き取り試験は，録音テープで行いますので，テープの指示に従ってください．
2 解答はすべて筆記試験と同じ解答用紙の解答欄に，**HBの黒鉛筆**（シャープペンシルも可）でマークしてください．

問題 **1** 絵の選択

聞き取り問題は 4 題出題されます，時間は約 **15 分**間です．

1 短文（仏文に一致する絵の選択）
2 応答文
3 数字（記述）
4 会話文（内容一致・和文選択）

内容を順に見ていきましょう．

　聞き取りの【問題 1】は，**フランス語の文を聞いて，それと関係の深い絵を選ぶ問題です**．これまで勉強してきた，日常よく使われる言いまわし，いろいろな状況での決まり文句を，文字に頼らず耳からとらえる練習をしましょう．CD やテープを繰り返し聞いて，耳を慣らしてください．聞き取れたら自分でも発音してみて，例文を暗記するよう努めましょう．

問題 1　絵の選択　175

◉2　──── 例 題 ────────────────────────────

・フランス語の文 (1)〜(4) を，それぞれ 3 回ずつ聞いてください．
・それぞれの文と最もふさわしい絵を，下の ①〜⑥ のなかから一つずつ選び，解答欄のその番号にマークしてください（メモは自由にとってかまいません）．

(1)　...
(2)　...
(3)　...
(4)　...

(1)「今日は 10 課の勉強を始めましょう．」
　　on va の on は，会話では nous の意味で用いられます．
(2)「一部屋，ほしいんですが．」
　Je voudrais une chambre. はホテルで部屋を探すときの決まり文句です．
　　une chambre à un lit　　　　　　シングルルーム
　　une chambre à deux lits　　　　　ツインルーム
　　une chambre à un grand lit　　　 ダブルルーム
　　une chambre avec salle de bain(s)　バス付きの部屋
　　une chambre avec douche　　　　　シャワー付きの部屋
(3)「絵葉書はどこで買えますか？」
　on peut ～?「～できますか？」と組み合わせた言いまわしです．
(4)「空港行きのバスは何番ですか？」
　疑問詞 quel はここでは「どの番号」と尋ねています．

CD で読まれるテキスト ◎2

(1) Aujourd'hui, on va commencer la leçon 10.
(2) Je voudrais une chambre, s'il vous plaît.
(3) Où est-ce qu'on peut acheter des cartes postales ?
(4) Quel est le numéro de bus pour l'aéroport ?

解　答

(1) ②　　(2) ⑤　　(3) ①　　(4) ③

1	解答番号	解　答　欄
	(1)	① ② ③ ④ ⑤ ⑥
	(2)	① ② ③ ④ ⑤ ⑥
	(3)	① ② ③ ④ ⑤ ⑥
	(4)	① ② ③ ④ ⑤ ⑥

練習問題

- フランス語の文 (1)〜(4) を，それぞれ 3 回ずつ聞いてください．
- それぞれの文と最も関係の深い絵を，①〜⑥ のなかから一つずつ選びなさい（メモは自由にとってかまいません）．

◎₃ **1** （解答は p. 181）

(1) ....
(2) ....
(3) ....
(4) ....

178　聞き取り試験問題

◎₄ **2**　（解答は p. 181）

(1) ....
(2) ....
(3) ....
(4) ....

①　② 　③ 
④ 　⑤ 　⑥

問題 1　絵の選択　179

◎₅ ３　（解答は p. 181）

(1) ....
(2) ....
(3) ....
(4) ....

1 客として言ったり聞いたりするフレーズを集めてみました．

(1)「リヨンまで往復切符を1枚ほしいのですが．」
un aller-retour は「（行って帰る）往復切符」ですから，駅の窓口での会話です．片道切符なら **un aller simple**，切符全般は un billet といいます．**Je voudrais**「〜がほしい（したい）のですが」は丁寧な依頼の定式で，vouloir の条件法現在形です．

(2)「いらっしゃいませ．何をさしあげましょう？」
お店の人が声をかけるときの決まり文句です．

(3)「このスカート，試着してもいいですか？」
ブティックなどで尋ねる表現です．

(4)「飲物は何にしますか？」レストランで，料理を頼んだ後に聞かれます．

CD で読まれるテキスト 　◎₃

(1) Je voudrais un aller-retour pour Lyon.
(2) Bonjour.　Vous désirez?
(3) Je peux essayer cette jupe?
(4) Qu'est-ce que vous voulez comme boisson?

---

2 いずれも，日常生活でよく言ったり聞いたりするフレーズです．

(1)「香水売り場はどこですか？」le rayon「売り場」を覚えておきましょう．
(2)「何か食べられますか？」カフェでは飲むだけではなく，食べることもできます．
(3)「パスポートを盗まれました．」まず，訴えなければなりません．
(4)「バゲットを1本ください．」もちろんパン屋さんでの会話です．

CD で読まれるテキスト 　◎₄

(1) Où se trouve le rayon parfumerie?
(2) On peut manger quelque chose?
(3) On m'a volé mon passeport!
(4) Je voudrais une baguette, s'il vous plaît.

3 いずれも，日常生活でよく言ったり聞いたりするフレーズです．

(1)「がんばってね．」
　　bon(ne)(s) を使ったあいさつ (p. 255) を，まとめて復習しておきましょう．
(2)「妻を紹介します．」vous は「あなたに」の意味の間接目的語です．
(3)「窓を閉めてください．」命令文に s'il vous plaît のついた表現．
(4)「わたしは足が痛い．」**avoir mal à 〜**「(身体の部分)が痛い」

CD で読まれるテキスト　◎5

(1) Bon courage !
(2) Je vous présente ma femme.
(3) Fermez la fenêtre, s'il vous plaît.
(4) J'ai mal aux pieds.

解　答

1　(1) ⑥　(2) ②　(3) ①　(4) ③
2　(1) ⑤　(2) ①　(3) ②　(4) ④
3　(1) ⑥　(2) ④　(3) ③　(4) ①

問題 2　応答選択

　聞き取りの【問題 2】は，フランス語の質問を聞いて，それにふさわしい応答を2つの選択肢から選ぶ問題です．出題されているのはいずれもフランス語の基本的な疑問文です．これまで勉強してきたさまざまな形の疑問文，それに対する適切な応答を，問い 1 と同じように CD やテープを利用して耳からとらえ，口でもくり返すように努めましょう．

例題

- フランス語の質問 (1)～(4) を，それぞれ 3 回ずつ聞いてください．
- (1)～(4) の質問に対する応答として適切なものを，それぞれ ①, ② から選び，解答欄のその番号にマークしてください（メモは自由にとってかまいません）．

(1) ① D'accord.　Deux baguettes?
　　② Mais où est-ce que tu vas?

(2) ① Non, ce n'est pas intéressant.
　　② Non, c'est tout près d'ici.

(3) ① Oui, j'ai reçu une lettre.
　　② Oui, j'ai une nouvelle secrétaire.

(4) ① Oui, notre magasin est ouvert.
　　② Oui, nous sommes en vacances.

解答番号	解　答　欄	
(1)	①	②
(2)	①	②
(3)	①	②
(4)	①	②

(1)「パンを買いに行ってくれる？」Tu peux ～ ＜ pouvoir「～できる」は、「～してくれる」という依頼の表現としても用いられます．
　　①「いいよ．バゲット２本ね．」
　②「でも，きみはどこへ行くの？」のどちらがふさわしい応答でしょうか．
(2)「美術館は遠くないですか？」に対する応答を
　①「いいえ．面白くありません．」
　②「ええ．すぐ近くですよ．」から選びます．
(3)「マリーから便りがある？」に対する応答を
　①「うん，手紙をもらったよ．」
　②「うん，新しい秘書を雇ったよ．」から選びます．
　問いかけの des nouvelles は「ニュース，消息」の意味の名詞です．avoir des nouvelles de ～ で「～から便りがある」となります．
　応答２の nouvelle「新しい」は形容詞ですので，間違えないようにしましょう．
(4)「土曜日は働いているのですか？」に対し
　①「はい．私たちの店は開いています．」
　②「はい．私たちは休暇中です．」のどちらがふさわしい応答でしょうか．
　ouvert の反対語 fermé も対にして覚えておくといいでしょう．

CD で読まれるテキスト　◉6

(1) Tu peux aller acheter du pain?
(2) Ce n'est pas loin, le musée?
(3) Tu as des nouvelles de Marie?
(4) Vous travaillez le samedi?

解　答

(1) ①　　(2) ②　　(3) ①　　(4) ①

練習問題

- ①〜③ のフランス語の質問 (1)〜(6) を，それぞれ 3 回ずつ聞いてください．
- (1)〜(6) の質問に対する応答として適切なものを，それぞれ ①，② から選び，解答欄のその番号にマークしてください（メモは自由にとってかまいません）．

◎₇ **1**

(1) ① Avec plaisir.
　　② On peut aller au musée.

(2) ① Nous sommes mardi.
　　② Nous sommes à Paris.

(3) ① Très bien, et toi?
　　② Elle va en Italie.

(4) ① Il fait du tennis.
　　② Il pleut aujourd'hui.

(5) ① Hier soir.
　　② Demain matin.

(6) ① Je prends de la bière.
　　② Oui, volontiers.

1 問題 3 (p. 42〜) で勉強した，疑問詞を用いたフレーズです．正確に聞き取れるようにしましょう．

(1) 「どこへ行こうか？」に対する応答を
① 「よろこんで．」
② 「美術館でもいいね．」から選びます．
(2) 「今日は何曜日ですか？」に対する応答を
① 「火曜日です．」
② 「パリにいます．」から選びます．
「今日は何日ですか？」という場合は Le combien sommes-nous aujourd'hui? (Quel jour est-ce aujourd'hui?) です．
(3) 「元気でやってる？」に対する応答を
① 「とても．きみは？」
② 「彼女はイタリアへ行く．」から選びます．
(4) 「東京はどんな天気ですか？」に対する応答を
① 「彼はテニスをします．」
② 「今日は雨が降っています．」から選びます．
問いの il は天気を表す非人称の il です．
(5) 「いつ出発しますか？」に対しては
① 「昨日の夜です．」
② 「明日の朝です．」のどちらでしょう．
(6) 「何にする？」に対しては
① 「ビールにする．」
② 「はい，よろこんで．」のどちらでしょう．

CD で読まれるテキスト 🎧 7

(1) Où est-ce qu'on va?
(2) Quel jour sommes-nous?
(3) Comment ça va?
(4) Quel temps fait-il à Tokyo?
(5) Quand partez-vous?
(6) Qu'est-ce que tu prends?

解 答

(1) ②　　(2) ①　　(3) ①　　(4) ②　　(5) ②　　(6) ①

問題 2　応答選択　187

◎₈ **2**

(1)　① Oui, j'étudie l'histoire.
　　② Oui, j'enseigne l'anglais.

(2)　① Oui, c'est à 30 kilomètres.
　　② Oui, juste à côté.

(3)　① Non, pas du tout.
　　② Oui, voilà.

(4)　① Oui, avec plaisir.
　　② Non, rien.

(5)　① Non, il n'y a personne.
　　② Non, il n'y a rien.

(6)　① Oui, une fois par semaine.
　　② Oui, il y a une semaine.

◎₉ **3**

(1)　① Non, c'est naturel de penser comme ça.
　　② Oui, c'est une bonne idée.

(2)　① C'est ça.
　　② C'est lui.

(3)　① Je viens d'arriver à Paris.
　　② Je viens d'assister à un accident dans la rue.

(4)　① Rien de neuf.
　　② Il n'y a personne ici.

(5)　① Oui, bien sûr, ne vous gênez pas.
　　② Non, ce n'est pas la question.

(6)　① Non, elle habite toute seule.
　　② Oui, elle habite à Dijon.

2 いずれも疑問詞を用いないタイプの疑問文です．問いかけの意味を正確にとらえましょう．

(1)「あなたは先生ですか？」に対し
　①「はい，歴史を勉強しています．」
　②「はい，英語を教えています．」のどちらがふさわしいでしょう．
　職業の名称 (p.57) と動詞を結びつけて覚えましょう．
(2)「駅はここから近いですか？」に対しては
　①「はい，30 キロのところにあります．」
　②「はい，すぐそこです．」のどちらでしょう．
(3)「塩をとっていただけますか？」に対しては
　①「いえ，まったく．」
　②「はいどうぞ．」のどちらでしょう．
　依頼の表現 Vous pouvez ~ ? または Pouvez-vous ~ ? は，出題の頻度が高い表現です．
(4)「何か買ったのですか？」に対しては
　①「はい，よろこんで．」
　②「いえ，何も．」のどちらがふさわしいでしょうか．
(5)「庭に誰かいますか？」に対する応答を
　①「いえ，誰もいません．」
　②「いえ，何もありません．」から選びます．
　どちらも否定の表現ですが，rien は物事，personne は人をさします
(6)「よく映画に行くの？」に対しては
　①「ええ，週に一度．」でしょうか，②「ええ，1週間前に．」でしょうか．

CD で読まれるテキスト　🎧₈

(1) Vous êtes professeur?
(2) C'est près d'ici, la gare?
(3) Vous pouvez me passer le sel?
(4) Vous avez acheté quelque chose?
(5) Est-ce qu'il y a quelqu'un dans le jardin?
(6) Tu vas souvent au cinéma?

解　答

(1) ②　　(2) ②　　(3) ②　　(4) ②　　(5) ①　　(6) ①

3 さまざまなタイプの疑問文です．

(1)「私の考えはおかしい？」に対し
　①「いや，そう考えるのは自然だ．」
　②「はい，いい考えだ．」のどちらがふさわしいでしょう．
　動詞 trouver の使い方を覚えましょう
(2)「誰が窓ガラスを割ったの？」に対しては
　①「そうです．」
　②「彼です．」のどちらでしょう．
(3)「どうしたの？」（君に何が起きたの？）に対しては
　①「パリについたところです．」
　②「いま通りで交通事故をみた．」のどちらでしょう．
　arriver には「〜が起きる」という意味もあります
(4)「何か新しいことは？」に対しては
　①「何も新しいことはない．」
　②「ここには誰もいない．」のどちらがふさわしいでしょうか．
(5)「質問してもいいですか？」に対する応答を
　①「はいどうぞ，御遠慮なく．」
　②「いえ，それが問題ではありません．」から選びます．
(6)「ジュリーが今どこに住んでいるか知ってる？」に対しては
　①「いや，彼女は一人で住んでる．」でしょうか
　②「ええ，ディジョンに住んでいる．」でしょうか．
　où「どこ」という疑問詞を聞き取ってください．

CD で読まれるテキスト

(1) Tu trouves mon idée bizarre?
(2) Qui a cassé la vitre?
(3) Qu'est-ce qui t'arrive?
(4) Quoi de neuf?
(5) Est-ce que je peux vous poser une question?
(6) Tu sais où habite Julie maintenant?

解　答

(1) ①　(2) ②　(3) ②　(4) ①　(5) ①　(6) ②

問題 3　数　詞

聞き取りの【問題 3】は，文中に含まれた**数字を聞きとる問題**です．まず 1 から 100 までの数字を覚え，正確に聞きとれるようにしましょう．そして，**時間，値段，日付**など，名詞をともなって使われる数字の表現に慣れることが大切です．

数字（1）基数

1　un (une)	11　onze	21　vingt et un(e)
2　deux	12　douze	22　vingt-deux
3　trois	13　treize	
4　quatre	14　quatorze	30　trente
5　cinq	15　quinze	40　quarante
6　six	16　seize	50　cinquante
7　sept	17　dix-sept	60　soixante
8　huit	18　dix-huit	70　soixante-dix
9　neuf	19　dix-neuf	71　soixante et onze
10　dix	20　vingt	72　soixante-douze

73　soixante-treize	90　quatre-vingt-dix
80　quatre-vingts	91　quatre-vingt-onze
81　quatre-vingt-un(e)	99　quatre-vingt-dix-neuf
82　quatre-vingt-deux	100　cent

101　cent un	110　cent dix	200　deux cents
1 000　mille	2 000　deux mille	10 000　dix mille

例題

- フランス語の文 (1)〜(4) を，それぞれ 3 回ずつ聞いてください．
- どの文にも必ず数字が含まれています．例にならって，その数字を解答欄にマークしてください（メモは自由にとってかまいません）．

(例)
- 「7」と解答したい場合には，

  | ⓪ | ① | ② | ③ | ④ | ⑤ | ⑥ | ⑦ | ⑧ | ⑨ |

  とその数字をマークします．

- 「15」と解答したい場合には，

  とその数字をマークします．

(1) ....
(2) ....
(3) ....
(4) ....

解答番号	解　答　欄
(1)	⓪ ① ② ③ ④ ⑤ ⑥ ⑦ ⑧ ⑨ ⓪ ① ② ③ ④ ⑤ ⑥ ⑦ ⑧ ⑨
(2)	⓪ ① ② ③ ④ ⑤ ⑥ ⑦ ⑧ ⑨ ⓪ ① ② ③ ④ ⑤ ⑥ ⑦ ⑧ ⑨
(3)	⓪ ① ② ③ ④ ⑤ ⑥ ⑦ ⑧ ⑨ ⓪ ① ② ③ ④ ⑤ ⑥ ⑦ ⑧ ⑨
(4)	⓪ ① ② ③ ④ ⑤ ⑥ ⑦ ⑧ ⑨ ⓪ ① ② ③ ④ ⑤ ⑥ ⑦ ⑧ ⑨

(1) 「この街は東京から 30 キロメートルのところにある.」
距離の表現 être à ～ kilomètres に注意してください.
kilomètre は km., kilo. と略せません.
(2) 「彼は体重が 85 キロある.」重さを示す表現 il pèse ～ を覚えてください.
80 より大きな数字は少し変わった数え方をするので注意しましょう.
kilogramme は kg., kilo. と略せます.
(3) 「休暇は 14 日の金曜日に終わる.」日付の表現にも注意してください.
「～日の～曜日」は「(le) 曜日・数字」となります.
(4) 「66 フランお願いします.」(お金の単位は 2002 年からユーロ euro です.
母音なので，発音に注意しましょう.)

CD で読まれるテキスト 🎯11

(1) Cette ville est à trente kilomètres de Tokyo.
(2) Il pèse quatre-vingt-cinq kilos.
(3) Les vacances finissent vendredi quatorze.
(4) Soixante-six francs, s'il vous plaît.

解 答

(1) **30**　　(2) **85**　　(3) **14**　　(4) **66**

注意する発音

後に母音または無音の h で始まる名詞や形容詞がくるとき，un は [n], -x, -s は [z], -f は [v] の音でリエゾンします．また re [r], q [k], t [t], ze [z] は後の音につなげます（アンシェヌマン）．次の年齢表現で練習してみましょう．

un an	six ans	onze ans	seize ans
deux ans	sept ans	douze ans	dix-sept ans
trois ans	huit ans	treize ans	dix-huit ans
quatre ans	neuf ans	quatorze ans	dix-neuf ans
cinq ans	dix ans	quinze ans	vingt ans

・後に子音で始まる名詞がくるとき，six, dix の [s], huit の [t] は発音しません．
　six minutes　　　huit minutes　　　dix minutes

・cinq の q は発音することもしないこともあります．
　cinq minutes（[サンク　ミニュット] または [サン　ミニュット]）．

・21・29 の vingt の t は発音されますが，80〜99 の vingt の t は発音されません．

練習問題

◎₁₃ 1

・a) CD を聞き，リエゾンに注意して発音しましょう．

une heure	deux heures	trois heures
quatre heures	cinq heures	six heures
sept heures	huit heures	neuf heures
dix heures	onze heures	
un euro	deux euros	trois euros
quatre euros	cinq euros	six euros
sept euros	huit euros	neuf euros
dix euros	vingt euros	soixante-six euros

◎₁₄ ・b) CD を聞き，語末の子音に注意して発音しましょう．

cinq jours	six fois
huit livres	dix personnes
soixante-six kilos	quatre-vingt-dix mètres
soixante-dix-huit grammes	quatre-vingt-cinq pays

問題 3　数　詞　195

◎₁₅ 2

・CD を聞き，数字を算用数字で算用数字で書き取りましょう．

（ 1 ）（　　　　）　　　　（ 2 ）（　　　　）

（ 3 ）（　　　　）　　　　（ 4 ）（　　　　）

（ 5 ）（　　　　）　　　　（ 6 ）（　　　　）

（ 7 ）（　　　　）　　　　（ 8 ）（　　　　）

（ 9 ）（　　　　）　　　　（10）（　　　　）amis

（11）（　　　　）enfants　　（12）（　　　　）étudiants

◎₁₆ 3

・(1)〜(12) の文をそれぞれ 3 回ずつ聞き，含まれている数字を算用数字で書き取ってください．

（ 1 ）（　　　　）　　　　（ 2 ）（　　　　）

（ 3 ）（　　　　）　　　　（ 4 ）（　　　　）

（ 5 ）（　　　　）　　　　（ 6 ）（　　　　）

（ 7 ）（　　　　）　　　　（ 8 ）（　　　　）

（ 9 ）（　　　　）　　　　（10）　19（　　　　）

（11）（　　　　）　　　　（12）（　　　　）

2

CDで読まれるテキスト 🔘15

（1）**12**　　（2）**67**　　（3）**95**　　（4）**89**　　（5）**24**
（6）**16**　　（7）**58**　　（8）**73**　　（9）**41**　　（10）**3** amis
（11）**10** enfants　　（12）**32** étudiants

3 （1）「これ，おいくらですか？」「73ユーロです．」
（2）「ニース行きの列車は14時ちょうどに出る．」
　　時刻表では24時制を使います．
（3）「彼は8月で57歳になる．」
　　近い未来の表現．ans は母音なので，アンシェヌマンやリエゾンに注意．
（4）「私たちの次の会合は6月18日木曜に開かれる予定だ．」
　　avoir lieu「催される」の単純未来．
（5）「シャルトルはパリから80キロメートルのところにある．」
（6）「駅に行くにはおよそ10分かかる．」
　　所要時間を表す il faut ～ に注意．
（7）「私たちは3年前にアルルを訪れた．」
　　「～前に」を表す il y a ～ に注意．
（8）「私は2週間前からパリにいる．」
　　「～前から」を表す depuis ～．フランス語では2週間の意で15日 quinze jours と言います．
（9）「彼女はサン・ジャック通り35番地に住んでいます．」
（10）「マリアンヌは1993年に生まれた．」
　　est née は naître の複合過去．年号の読み方に慣れましょう．1993年は mille neuf cent quatre-vingt-treize とも dix-neuf cent quatre-vingt-treize とも発音します．2003年は deux mille trois となります．年号の場合，mille は mil とも綴ります（発音は同じ）．
（11）「授業は朝の9時に始まる．」
（12）「このスーツケースは重さが22キロある．」

問題 3　数　詞　197

CD で読まれるテキスト　🎧16

(1) Ça coûte combien? — (Soixante-treize) euros.
(2) Le train de Nice part à (quatorze) heures juste.
(3) Il va avoir (cinquante-sept) ans en août.
(4) Notre prochaine réunion aura lieu le jeudi (dix-huit) juin.
(5) Chartres est à (quatre-vingts) kilomètres de Paris.
(6) Pour aller à la gare, il faut à peu près (dix) minutes.
(7) Nous avons visité Arles il y a (trois) ans.
(8) Je suis à Paris depuis (quinze) jours.
(9) Elle habite (trente-cinq) rue Saint-Jacques.
(10) Marianne est née en 19(93).
(11) Le cours commence à (neuf) heures du matin.
(12) Cette valise pèse (vingt-deux) kilos.

解　答

(1) **73**	(2) **14**	(3) **57**	(4) **18**
(5) **80**	(6) **10**	(7) **3**	(8) **15**
(9) **35**	(10) **93**	(11) **9**	(12) **22**

🎧17 ## 数字（2）序数

1er premier	11e onzième	21e vingt et unième
(1ère première)		
2e deuxième	12e douzième	22e vingt-deuxième
3e troisième	⋮	⋮
4e quatrième		
5e cinquième		
⋮		
9e neuvième	19e dix-neuvième	29e vingt-neuvième
10e dixième	20e vingtième	30e trentième …

序数＝基数＋ième が原則です（e で終わる基数は e を除いて＋ième）。
「**1 番目**」だけは premier（女性形 première）になります。
「**2 番目**」は second(e) を用いることもあります。
序数を省略して記すときは，数字の右肩に ^{e} をつけます。

問題 4　内容一致

　聞き取りの【問題4】は，フランス語の会話文を聞いて，その内容を聞き取り，**日本語で示されている内容とフランス語の会話の内容が一致しているかを判断する問題**です．全体的な会話の流れをまずつかむことが重要です．そして，前もって問題用紙に書かれている日本語の文を参考にしながら，個別の事実を検証しましょう．

　そのためには会話の基礎的な言い回しに慣れることで，聞き取るときの余裕がうまれます．コラムで，一般的な会話のパターンを示していますので，覚えてください．また，筆記試験問題8で取り上げた基本会話も参考にしてください．

例題

- ジャクリーヌの母オーブリさんと博の電話での会話を3回聞いてください．
- 次の (1)〜(5) について，会話の内容に一致する場合は解答欄の ① に，一致しない場合は ② にマークしてください（メモは自由にとってかまいません）．

(1) 博が電話をしたとき，ジャクリーヌは出かけていて不在であった．

(2) 博はジャクリーヌと学校で待ち合わせをしていた．

(3) 博とジャクリーヌは8時の電車に乗る予定であった．

(4) オーブリさんは，ジャクリーヌはいつも遅れるのだから，他の電車に乗るように，と言った．

(5) 博はジャクリーヌをもう少し駅で待つことにした．

解答番号	解　答　欄
(1)	①　②
(2)	①　②
(3)	①　②
(4)	①　②
(5)	①　②

日常的な会話の表現を聞きとる問題です．電話の会話でどんな決まり文句が使われるのかを知り，状況を正しくとらえましょう．

(1)「ジャクリーヌは出かけた」が elle est déjà partie. です．
(2) à la gare は「駅で」です．
(3) à huit heures は「8 時に」ですが，現在の時刻は 8 時半 Il est déjà huit heures et demie で電車が出るのは今から 15 分後 dans un quart d'heure です．
(4)「ジャクリーヌはいつも遅れるのだから，他の電車に乗るように」は会話のそのままの日本語訳です．
(5) je l'attends の l' は，l'＝la＝Jacqueline です．

CD で読まれるテキスト 〇18

Mme Aubry :	Allô!
Hiroshi :	Bonjour, madame. Ici, Hiroshi. Je peux parler à Jacqueline?
Mme Aubry :	Bonjour, Hiroshi. Elle n'est pas là : elle est déjà partie.
Hiroshi :	Justement, j'avais rendez-vous avec elle à huit heures à la gare. Il est déjà huit heures et demie ; elle n'est pas encore arrivée et notre train part dans un quart d'heure.
Mme Aubry :	Écoutez, Jacqueline est toujours en retard. Vous prendrez un autre train.
Hiroshi :	Bon! je l'attends encore un peu. Allez, au revoir, madame.

解 答

(1) ①   (2) ②   (3) ②   (4) ①   (5) ①

練習問題

◎₁₉ 1
- マキコとピエールの会話を3回聞いてください．
- 次の (1)〜(5) について，会話の内容に一致する場合は解答欄の ① に，一致しない場合は ② にマークしてください（メモは自由にとってかまいません）．
（解答は p.202）
(1) マキコはピエールに夏休みにモンペリエに行かないかと誘っている．
(2) モンペリエにはピエールの叔父さんが住んでいる．
(3) 叔父さんの息子でいとこがパリでの学業を終えモンペリエに帰っている．
(4) ピエールはいとことキャンプに行こうとしている．
(5) ピエールは2週間以内にまたパリに戻ってくる．

◎₂₀ 2
- ユミコとホテルのフロントの男性との会話を3回聞いてください．
- 次の (1)〜(5) について，会話の内容に一致する場合は解答欄の ① に，一致しない場合は ② にマークしてください（メモは自由にとってかまいません）．
（解答は p.203）
(1) ユミコはバスチーユ広場にこれから行こうとしている．
(2) フロントの男性は，料金が安いので地下鉄をすすめた．
(3) ユミコは今シャトー・ドゥ・ヴァンセンヌにいる．
(4) 地下鉄で1回も乗り換える必要がない．
(5) 所要時間は25分である．

◎₂₁ 3
- ジャンヌとモーリスの会話を3回聞いてください．
- 次の (1)〜(5) について，会話の内容に一致する場合は解答欄の ① に，一致しない場合は ② にマークしてください（メモは自由にとってかまいません）．
（解答は p.204）
(1) モーリスとシルヴィーは日曜の夜サッカーの試合を見に行った．
(2) シルヴィーはサッカーをする．
(3) モーリスはサッカーをするが，試合を見るのは嫌いだ．
(4) ジャンヌは試験勉強するため家にいた．
(5) ジャンヌの試験は今週末に行われる．

1 日常的な会話の表現を聞きとる問題です．

(1) マキコはピエールに Qu'est-ce que tu vas faire pendant les vacances?「ヴァカンスの間は何をするの？」と聞いているだけです．
(2) Je vais voir mon oncle à Montpellier.
「モンペリエの叔父に会いに行きます．」
(3) il vient de finir ses études aux États-Unis.
「彼（いとこ）はアメリカでの学業を終えたばかり．」です．現在はパリのユネスコで働いています．
(4) on va faire du camping.「キャンプをするつもり」の主語 on はピエールといとこのことです．
(5) Dans deux semaines. の dans は「〜後」です．

CD で読まれるテキスト 19

Makiko :	Qu'est-ce que tu vas faire pendant les vacances?
Pierre :	Je vais voir mon oncle à Montpellier.　Avec mon cousin, on va faire du camping.
Makiko :	Ton cousin, il est étudiant aussi?
Pierre :	Non, il vient de finir ses études aux États-Unis.　Il travaille à l'UNESCO à Paris.
Makiko :	Alors, il est en vacances à Montpellier?
Pierre :	Oui.　Il reste pendant un mois chez ses parents.
Makiko :	Et toi, tu vas revenir quand?
Pierre :	Dans deux semaines.
Makiko :	Bonnes vacances!

解答

(1) ②　　(2) ①　　(3) ②　　(4) ①　　(5) ②

2 交通手段に関する日常的な会話の表現を聞きとる問題です．順序立てて，状況を正しくとらえましょう．

(1) Comment faire pour aller à la place de la Bastille?「バスチーユ広場に行くにはどうしたらいいですか？」
(2) C'est plus rapide.「そのほうが速い」と言っています．
(3) Vous êtes ici, au Palais Royal.「今あなたはここ，パレ・ロワイヤルにいます．」です．la direction Château de Vincennes は「シャトー・ドゥ・ヴァンセンヌ方面行き」という意味です．
(4) c'est direct.「直通です」
(5) Quinze minutes「15 分」

CD で読まれるテキスト 🔘20

Yumiko	:	S'il vous plaît. Comment faire pour aller à la place de la Bastille?
Le réceptionniste	:	Vous prenez le métro. C'est plus rapide.
Yumiko	:	Où est la station de métro la plus proche?
La réceptionniste	:	Vous êtes ici, au Palais Royal. Vous prenez la direction Château de Vincennes. Bastille, c'est la cinquième station.
Yumiko	:	Il faut changer?
Le réceptionniste	:	Non, c'est direct.
Yumiko	:	Et il faut combien de minutes?
Le réceptionniste	:	Quinze minutes à peu près.
Yumiko	:	D'accord. Merci beaucoup, monsieur.
Le réceptionniste	:	A votre service. Bonne journée.

解 答

(1) ①　　(2) ②　　(3) ②　　(4) ①　　(5) ②

3 友だちどうしの会話を聞きとる問題です．

(1) モーリスとシルヴィーはサッカーの試合を見に行ったが，日曜の夜ではなくて，土曜の夜 samedi soir です．
(2) elle joue même au foot.「彼女自身もサッカーをする．」
(3) J'aime assister aux matchs.「サッカーを観戦するのがすきだ．」
(4) rester à la maison「家にいる」という表現を覚えましょう．
(5) 「週末に」は à la fin de la semaine です．

CD で読まれるテキスト ⊚ 21

Jeanne : Qu'est-ce que tu as fait ce week-end?
Maurice : Samedi soir, je suis sorti avec Sylvie et on est allés voir un match de football.
Jeanne : Mais elle n'aime pas le foot !
Maurice : Si, elle joue même au foot.
Jeanne : Et toi, tu fais du foot ?
Maurice : Moi, non. J'aime assister aux matchs. Tu as fait quoi ?
Jeanne : Moi, je suis restée à la maison pour préparer mes examens. Ils ont lieu demain.
Maurice : Bon courage !

解 答

(1) ②　　(2) ①　　(3) ②　　(4) ①　　(5) ②

模擬試験　1

[筆記試験]　　（試験時間：45分）

1　次の (1)〜(4) の (　) 内に入れるのに最も適切なものを下の ①〜⑥ のなかから一つずつ選び，解答欄のその番号にマークしてください．ただし同じものは1度しか用いてはいけません．

(1) Elle habite près (　) gare.
(2) Nous sommes (　) mois de mai.
(3) Vous faites (　) sport?
(4) Attendez (　) instant, s'il vous plaît.

　　① un　② de　③ de la　④ au　⑤ du　⑥ des

2　次の対話 (1)〜(5) の (　) 内に入れるのに最も適切なものを，それぞれ下の ①〜③ のなかから一つずつ選び，解答欄のその番号にマークしてください．

(1) — Elles habitent à Lausanne?
　　— Non, elles n'(　) habitent pas.
　　① en　② le　③ y

(2) — Je peux regarder ta photo?
　　— Oui, regarde-(　).
　　① la　② le　③ lui

(3) — Vous avez invité Yvonne?
　　— Oui, nous (　) avons invitée.
　　① l'　② la　③ le

(4) — Elle écrit souvent à sa mère?
　　— Non, elle ne (　) écrit que rarement.
　　① l'　② la　③ lui

(5) — Vous êtes contente?
　　— Oui je (　) suis.
　　① en　② le　③ y

3 次の (1)〜(4) の A と B の対話を完成させてください。B の下線部に入れるのに最も適切なものを，それぞれ ①〜③ のなかから一つずつ選び，解答欄のその番号にマークしてください。

(1) **A** : Je voudrais réserver une table pour ce soir.

   B : _____

   A : On est quatre.

   ① Ça coûte combien ?

   ② Vous allez bien ?

   ③ Vous êtes combien ?

(2) **A** : Il faut rentrer, il est tard.

   B : _____

   A : Non, ce n'est pas la peine.

   ① Quelle heure est-il ?

   ② Je t'accompagne chez toi ?

   ③ Tu viens avec moi ?

(3) **A** : Vous prenez de l'eau ?

   B : _____

   A : Ah, vous n'avez pas soif.

   ① Oui, je veux bien.

   ② Un café, s'il vous plaît.

   ③ Non merci.

(4) **A** : Allô ! Je voudrais parler à Monsieur Dupont.

   B : _____

   A : Je le rappelle plus tard.

   ① Ne quittez pas.

   ② Je vous le passe.

   ③ Il n'est pas là.

4 次の日本語の文 (1)〜(5) の下には，それぞれ対応するフランス語の文が記されています．(　) 内に入れるのに最も適切なものを，それぞれ ①〜③ のなかから一つずつ選び，解答欄のその番号にマークしてください．

(1) あそこのスカートを見せていただけますか？
　　(　　)-vous me montrer cette jupe là-bas?
　　① Pouvant　　② Pouvez　　③ Pouviez

(2) 彼は毎朝，犬をつれて散歩していた．
　　Tous les matins, il (　　) avec son chien.
　　① se promenait　　② se promène　　③ se promenant

(3) ジャンヌは5時に事務所をでた．
　　Jeanne (　　) du bureau à cinq heures.
　　① sortait　　② sort　　③ est sortie

(4) 明日東京は，雪が降るでしょう．
　　Demain il (　　) à Tokyo.
　　① a neigé　　② neigera　　③ neigerait

(5) バスはいま出たばかりだ．
　　L'autobus vient de (　　).
　　① est parti　　② partait　　③ partir

5 例にならい，次の (1)〜(5) において，それぞれ ①〜④ をすべてを用いて文を完成したときに，（　）内に入るのはどれですか．①〜④ のなかから一つずつ選び，解答欄のその番号にマークしてください．

例：Il ＿＿ ＿＿（　）＿＿．
　　① a　　② bleus　　③ les　　④ yeux

　Il a les yeux bleus.
　　① ③ ④ ②

となり，① ③ ④ ② の順なので，（　）内に入るのは ④．

(1) Je ＿＿ ＿＿（　）＿＿．
　　① comprends　② ne　③ pas　④ vous

(2) Il ＿＿ ＿＿（　）＿＿．
　　① sûr　② est　③ de　④ lui

(3) Comment ＿＿ ＿＿（　）＿＿？
　　① en　② on　③ français　④ dit-

(4) Elle ＿＿ ＿＿（　）＿＿ bien.
　　① pas　② ne　③ se　④ sent

(5) Rentre ＿＿ ＿＿（　）＿＿！
　　① possible　② le　③ tôt　④ plus

6 次の (1)〜(4) の (　) 内に入れるのに最も適切なものを，それぞれ ①〜③ のなかから一つずつ選び，解答欄のその番号にマークしてください．

(1) Nous avons dîné (　) ville.

　① à　　　　　② dans　　　　　③ en

(2) Elle a envie (　) voyager.

　① à　　　　　② de　　　　　③ pour

(3) Je suis d'accord (　) toi.

　① après　　　　② avec　　　　③ de

(4) Il va à l'école (　) pied.

　① à　　　　　② en　　　　　③ par

7 次の (1)~(6) に最もふさわしい絵を，下の ①~⑨ のなかから一つずつ選び，解答欄のその番号にマークしてください．ただし，同じものは1度しか用いてはいけません．

(1) Ils sont partis en voiture.　　　　　　　　　　　(　)
(2) J'ai manqué le dernier train.　　　　　　　　　　(　)
(3) Il fait chaud, aujourd'hui.　　　　　　　　　　　(　)
(4) Je voudrais louer un deux pièces meublé.　　　　(　)
(5) C'est une suite de dessins illustrant une histoire.　(　)
(6) Où est la station de métro?　　　　　　　　　　　(　)

8　次のパリから南フランスに向かう列車のなかの会話を読み，下の (1)〜(6) について，会話の内容に一致する場合は解答欄の ① に，一致しない場合は ② にマークしてください．

Jean :　Où vas-tu ?
Taro :　Je vais à Nice.
Jean :　Tu vas rester longtemps à Nice ?
Taro :　Je ne sais pas encore au juste ; mais en tout cas, au moins un mois.　Et toi ?
Jean :　Moi, j'habite à Nice.　Quand est-ce que tu es arrivé à Paris ?
Taro :　Il y a huit jours.
Jean :　Tu connais Nice ?
Taro :　Non, c'est la première fois que je visite Nice.
Jean :　C'est beau, Nice.　Il y a du soleil.　Qu'est-ce que tu vas faire après ?
Taro :　Je vais aller en Italie.　Tu y es déjà allé ?
Jean :　Non, pas encore.　Je n'ai jamais été à l'étranger.

(1) 太郎はニースに1年間滞在しようとしている．
(2) 太郎は1週間前にパリに着いた．
(3) 太郎はまだニースに行ったことがない．
(4) ジャンはパリに住んでいる．
(5) ニースは気候がよい．
(6) ジャンはしょっちゅう外国を旅行している．

[聞きとり試験]　（試験時間：15分）

1　・フランス語の文 (1)〜(4) を，それぞれ 3 回ずつ聞いてください．
　　・それぞれの文に最もふさわしい絵を，下の ①〜⑥ のなかから一つずつ選び，解答欄のその番号にマークしてください（メモは自由にとってかまいません）．

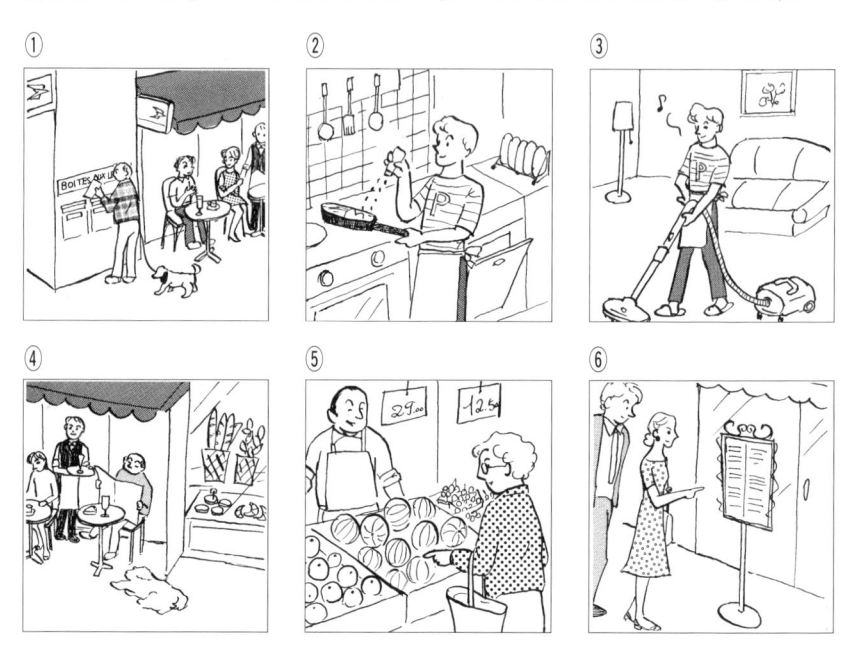

2　・フランス語の質問 (1)〜(4) を，それぞれ 3 回ずつ聞いてください．
　　・それぞれの質問に対する応答として適切なものを，①, ② から選び，解答欄のその番号にマークしてください（メモは自由にとってかまいません）．

(1) ① Il est sympathique.
　　② Il fait beau.

(2) ① C'est un stylo.
　　② C'est moi.

(3) ① À Paris.
　　② De Tokyo.

(4) ① Si, je suis Française.
　　② Non, je suis Française.

◎₂₄ **3** ・フランス語の文 (1)〜(4) を，それぞれ 3 回ずつ聞いてください．
・どの文にも必ず数字が含まれています．例にならって，その数字を解答欄にマークしてください（メモは自由にとってかまいません）．

（例）
・「7」と解答したい場合には，

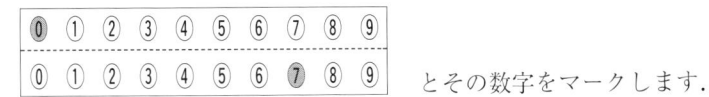

| ⓪ | ① | ② | ③ | ④ | ⑤ | ⑥ | ⑦ | ⑧ | ⑨ |
| ⓪ | ① | ② | ③ | ④ | ⑤ | ⑥ | ⑦ | ⑧ | ⑨ |

とその数字をマークします．（0 と 7 が塗られている）

・「15」と解答したい場合には，

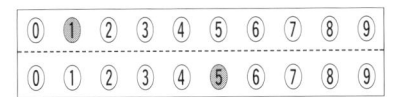

| ⓪ | ① | ② | ③ | ④ | ⑤ | ⑥ | ⑦ | ⑧ | ⑨ |
| ⓪ | ① | ② | ③ | ④ | ⑤ | ⑥ | ⑦ | ⑧ | ⑨ |

とその数字をマークします．（1 と 5 が塗られている）

◎₂₅ **4** ・フランソワーズとエリックの会話を，3 回ずつ聞いてください．
・次の (1)〜(5) で，応答の内容に一致する場合は解答欄の ① に，一致しない場合は ② にマークしてください（メモは自由にとってかまいません）．

(1) フランソワーズは午後授業がない．

(2) フランソワーズは映画が嫌いだ．

(3) フランソワーズは試験勉強をもう十分した．

(4) エリックとフランソワーズは日曜日に映画に行く約束をした．

(5) エリックはフランソワーズの家へ正午に行く約束をした．

模擬試験 2

[筆記試験]　（試験時間：45分）

1　次の (1)〜(4) の（　）内に入れるのに最も適切なものを下の **1〜6** のなかから一つずつ選び，解答欄のその番号にマークしてください．ただし同じものは1度しか用いてはいけません．

(1) Il y a beaucoup de monde autour (　) arrêt d'autobus.
(2) Comment trouvez-vous (　) vie à Paris ?
(3) Patrick est (　) maison ?
(4) Il préfère le café (　) thé.

　① à la　② la　③ au　④ du　⑤ d'　⑥ de l'

2　次の対話 (1)〜(5) の（　）内に入れるのに最も適切なものを，それぞれ下の ①〜③ のなかから一つずつ選び，解答欄のその番号にマークしてください．

(1) — Elle dort ?
　　— Oui, ne (　) réveillez pas.
　　① la　　② le　　③ lui

(2) — Avez-vous des frères ?
　　— Oui, j'(　) ai deux.
　　① en　　② le　　③ y

(3) — Vous m'avez apporté le livre ?
　　— Non, je (　) l'apporte ce soir.
　　① nous　② me　　③ vous

(4) — Vous allez comment à Bordeaux ?
　　— J'(　) vais en train.
　　① en　　② le　　③ y

(5) — Depuis quand connaissez-vous M.Morin ?
　　— Je (　) ai connu enfant.
　　① la　　② le　　③ l'

3 次の (1)〜(4) の A と B の対話を完成させてください。B の下線部に入れるのに最も適切なものを，それぞれ ①〜③ のなかから一つずつ選び，解答欄のその番号にマークしてください．

(1) **A**: Qu'est-ce que vous prenez comme boisson?

　　B: _____

　　A: Ah, vous ne prenez pas d'alcool?

　　① De l'eau minérale, s'il vous plaît.

　　② Du vin rouge, s'il vous plaît.

　　③ Je prends du poisson.

(2) **A**: Pour aller au musée d'Orsay, s'il vous plaît, madame?

　　B: _____

　　A: Merci, madame.

　　① Je vais bien.

　　② Vous allez tout droit.

　　③ Ça vous va très bien.

(3) **A**: Bonsoir.　J'ai réservé une chambre.

　　B: _____

　　A: Je m'appelle Suzuki.

　　① Pour combien de nuits?

　　② C'est complet.

　　③ C'est à quel nom?

(4) **A**: On se voit dimanche prochain?

　　B: _____

　　A: Et alors, tu es libre samedi?

　　① Oui, d'accord.

　　② Entendu, à dimanche.

　　③ J'ai déjà un rendez-vous.

4　次の日本語の文 (1)～(5) の下には，それぞれ対応するフランス語の文が記されています．（　）内に入れるのに最も適切なものを，それぞれ ①～③ のなかから一つずつ選び，解答欄のその番号にマークしてください．

(1) 私は以前からスペイン旅行がしたいと思っている．
　　Depuis longtemps, j'(　　) envie de voyager en Espagne.
　　① avais　　　　② ai eu　　　　③ ai

(2) マドレーヌは青いドレスを選んだ．
　　Madeleine (　　) une robe bleue.
　　① choisira　　　② a choisi　　　③ choisissait

(3) 明日の朝ホテルに迎えにまいります．
　　Je (　　) vous chercher à l'hôtel demain matin.
　　① viendrai　　　② venais　　　③ venez

(4) 彼は眠るときいびきをかく．
　　Il ronfle en (　　).
　　① dormira　　　② dort　　　　③ dormant

(5) 急ぎなさい，でないと列車に乗り遅れるよ．
　　(　　)-toi, sinon tu manqueras le train.
　　① Dépêchais　　② Dépêche　　③ Dépêchant

5 例にならい，次の (1)～(5) において，それぞれ ①～④ をすべてを用いて文を完成したときに，(　) 内に入るのはどれですか．①～④ のなかから一つずつ選び，解答欄のその番号にマークしてください．

例：Elles ____ ____ (____) ____ .
　　① en　　② encore　　③ Italie　　④ restent

Elles restent encore (en) Italie.
　　　　④　　　②　　　①　　③

となり，④②①③ の順なので，(　) 内に入るのは ①．

(1) Quel ____ ____ (____) ____ ?
　　① aujourd'hui　② est-　③ ce　④ jour

(2) Je ____ ____ (____) ____ .
　　① ans　　② avoir　　③ vais　　④ vingt

(3) Pourquoi ____ ____ (____) ____ ?
　　① êtes-　　② fatigué　　③ si　　④ vous

(4) Ne ____ ____ (____) ____ !
　　① en　　② faites　　③ pas　　④ vous

(5) Elles ____ ____ (____) ____ .
　　① des légumes　② mangent　③ ne　④ que

6 次の (1)〜(4) の (　) 内に入れるのに最も適切なものを，それぞれ ①〜③ のなかから一つずつ選び，解答欄のその番号にマークしてください．

(1) Nous partirons (　) un mois.

① après　　　② dans　　　③ depuis

(2) Qu'est-ce que tu as fait (　) les vacances ?

① dans　　　② en　　　③ pendant

(3) La banque se trouve (　) la mairie.

① avant　　　② pendant　　　③ devant

(4) Il travaille (　) son examen.

① de　　　② pour　　　③ sans

7 次の (1)〜(6) に最もふさわしい絵を，下の ①〜⑨ のなかから一つずつ選び，解答欄のその番号にマークしてください．ただし，同じものは1度しか用いてはいけません．

(1) Appelez l'ambulance, s'il vous plaît! (　)
(2) Au secours! Au voleur! (　)
(3) Au secours! Au feu! (　)
(4) Laissez-moi tranquille! (　)
(5) Nous sommes égarés. Où sommes-nous? (　)
(6) Ma voiture est en panne, elle ne fonctionne plus. (　)

8 次のマルタンさんとデュポンさんの会話を読み，下の (1)～(6) について，会話の内容に一致する場合は解答欄の ① に，一致しない場合は ② にマークしてください．

Mlle Martin : Bonjour Monsieur, je suis Mademoiselle Martin. Je viens pour la chambre.
M. Dupont : Oui, entrez.　C'est la chambre.
Mlle Martin : C'est assez sombre.
M. Dupont : Le matin, oui, mais vous avez le soleil l'après-midi.
Mlle Martin : Je peux faire la cuisine ?
M. Dupont : Oui, il y a une petite cuisine.
Mlle Martin : Est-ce qu'il y a une douche ?
M. Dupont : Non, mais, on peut utiliser la douche commune là-bas.　Qu'est-ce que vous en pensez ?
Mlle Martin : Laissez-moi réfléchir un peu... Quel est le loyer ?　300 euros vous avez dit ?
M. Dupont : Oui, c'est ça.
Mlle Martin : Je me suis décidée.　La chambre est libre tout de suite ?
M. Dupont : À partir de lundi.

(1) マルタンさんは部屋を借りたいと思っている．
(2) その部屋は一日中日当たりが良い．
(3) その部屋では料理ができない．
(4) 300 ユーロで貸すと大家さんは言っている．
(5) 風呂はないが，部屋にシャワーがある．
(6) すぐに入居できる．

[聞きとり試験]　　（試験時間：15分）

1　・フランス語の文 (1)〜(4) を，それぞれ 3 回ずつ聞いてください．
　　・それぞれの文に最もふさわしい絵を，下の ①〜⑥ のなかから一つずつ選び，解答欄のその番号にマークしてください（メモは自由にとってかまいません）．

2　・フランス語の質問 (1)〜(4) を，それぞれ 3 回ずつ聞いてください．
　　・それぞれの質問に対する応答として適切なものを，①，② から選び，解答欄のその番号にマークしてください（メモは自由にとってかまいません）．

(1) ① Je m'appelle Suzuki Ichiro.
　　② Il est Monsieur Suzuki.

(2) ① Il est très studieux.
　　② Il est très intéressant.

(3) ① Oui, j'en ai deux.
　　② Non, ils ne sont pas mes frères.

(4) ① Oui, je veux bien.
　　② Oui, j'ai pris un café.

⊚₂₈ 3 ・フランス語の文 (1)〜(4) を，それぞれ 3 回ずつ聞いてください．
・どの文にも必ず数字が含まれています．例にならって，その数字を解答欄にマークしてください（メモは自由にとってかまいません）．

　（例）
　　・「7」と解答したい場合には，

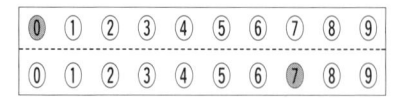

　　　⓪ ① ② ③ ④ ⑤ ⑥ ⑦ ⑧ ⑨

　　　⓪ ① ② ③ ④ ⑤ ⑥ ⑦ ⑧ ⑨   とその数字をマークします．

　　・「15」と解答したい場合には，

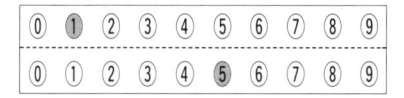

　　　⓪ ① ② ③ ④ ⑤ ⑥ ⑦ ⑧ ⑨

　　　⓪ ① ② ③ ④ ⑤ ⑥ ⑦ ⑧ ⑨   とその数字をマークします．

⊚₂₉ 4 ・ミッシェルと駅員の切符売り場での会話を，それぞれ 3 回ずつ聞いてください．
・次の (1)〜(5) で，応答の内容に一致する場合は解答欄の ① に，一致しない場合は ② にマークしてください（メモは自由にとってかまいません）．

　（1）　ミッシェルは二人分の切符を買おうとしている．

　（2）　ミッシェルは片道の切符を買おうとしている．

　（3）　ミッシェルは二等の切符を買おうとしている．

　（4）　ミッシェルは喫煙席を希望している．

　（5）　ミッシェルの乗ろうとしている列車はボルドーに午後 2 時 20 分に着く．

模擬試験 3

[筆記試験]　（試験時間：45分）

1　次の (1)〜(4) の（　）内に入れるのに最も適切なものを下の ①〜⑥ のなかから一つずつ選び，解答欄のその番号にマークしてください．ただし同じものは1度しか用いてはいけません．

(1) Elle se lève tous les matins (　) 7 heures.
(2) Elle va (　) cinéma.
(3) Elle n'a pas (　) chance.
(4) L'automne est la saison (　) plus agréable de l'année.

　　① à　　② le　　③ la　　④ au　　⑤ des　　⑥ de

2　次の対話 (1)〜(5) の（　）内に入れるのに最も適切なものを，それぞれ下の ①〜③ のなかから一つずつ選び，解答欄のその番号にマークしてください．

(1) — Tu sais qu'elle est mariée ?
　　— Oui, je (　) sais.
　　① en　　② le　　③ y

(2) — Tu travailles à ton devoir de français ?
　　— Oui, j'(　) travaille.
　　① en　　② le　　③ y

(3) — Je peux (　) accompagner chez vous, si vous voulez.
　　— C'est très gentil de votre part.
　　① tu　　② nous　　③ vous

(4) — Téléphone-moi ce soir.
　　— D'accord, je (　) téléphone.
　　① moi　　② toi　　③ te

(5) — La Tour Eiffel est le symbole de Paris.
　　— C'est ça．On (　) voit de très loin.
　　① le　　② la　　③ les

3 次の (1)〜(4) の A と B の対話を完成させてください。B の下線部に入れるのに最も適切なものを，それぞれ ①〜③ のなかから一つずつ選び，解答欄のその番号にマークしてください。

(1) **A** : Qu'est-ce que vous faites?

　　B : _____

　　A : Ah bon, où travaillez-vous?

　　　① Je suis ingénieur.

　　　② Je fais du ski.

　　　③ Je prends un café.

(2) **A** : Vous avez l'heure, s'il vous plaît?

　　B : _____

　　A : Le concert va commencer.　Dépêchons-nous!

　　　① Non, je n'ai pas le temps.

　　　② Il est déjà sept heures.

　　　③ À tout à l'heure.

(3) **A** : Qu'est-ce qu'il y a?

　　B : _____

　　A : Rassurez-vous, il va mieux.

　　　① Il y a beaucoup de touristes.

　　　② Sa santé m'inquiète.

　　　③ Pas de problème.

(4) **A** : La fumée ne vous dérange pas?

　　B : _____

　　A : Merci bien.

　　　① Pas du tout.

　　　② Si, très bien.

　　　③ C'est bien possible.

4 次の日本語の文 (1)〜(5) の下には，それぞれ対応するフランス語の文が記されています．（　）内に入れるのに最も適切なものを，それぞれ ①〜③ のなかから一つずつ選び，解答欄のその番号にマークしてください．

(1) 彼が病気とは知らなかった．

　　Je ne (　　) pas qu'il était malade.

　　① sais　　　　② savais　　　　③ saurais

(2) もうすぐ雨が降りそうだ．

　　Il (　　) bientôt pleuvoir.

　　① allait　　　　② va　　　　③ irait

(3) スーツケースはここに置いてください．

　　(　　) la valise ici.

　　① Mettant　　　　② Mettez　　　　③ Mettiez

(4) 私の妹は買い物に出かけた．

　　Ma sœur (　　) faire des courses.

　　① sortira　　　　② sortait　　　　③ est sortie

(5) それはどういう意味ですか．

　　Qu'est-ce que ça (　　) dire?

　　① veut　　　　② voulait　　　　③ voudrait

5 例にならい，次の (1)〜(5) において，それぞれ ①〜④ をすべてを用いて文を完成したときに，（　）内に入るのはどれですか．①〜④ のなかから一つずつ選び，解答欄のその番号にマークしてください．

例：Il ＿＿＿ ＿＿＿ （＿＿＿） ＿＿＿．
　　① a　② de　③ besoin　④ ton aide

Il a besoin de ton aide.
　① ③　　② 　　④

となり，① ③ ② ④ の順なので，（　）内に入るのは ②．

(1) Il ＿＿＿ ＿＿＿ （＿＿＿） ＿＿＿．
　　① mieux　② réserver　③ une chambre　④ vaut

(2) Il ＿＿＿ ＿＿＿ （＿＿＿） ＿＿＿ ici.
　　① est　② de　③ fumer　④ interdit

(3) Elle ＿＿＿ ＿＿＿ （＿＿＿） ＿＿＿．
　　① aimée　② de　③ est　④ tout le monde

(4) Avez-＿＿＿ ＿＿＿ （＿＿＿） ＿＿＿ ?
　　① à　② manger　③ quelque chose　④ vous

(5) Je ＿＿＿ ＿＿＿ （＿＿＿） ＿＿＿ votre nom.
　　① me　② ne　③ pas　④ rappelle

6 次の (1)〜(4) の (　) 内に入れるのに最も適切なものを，それぞれ ①〜③ のなかから一つずつ選び，解答欄のその番号にマークしてください．

(1) Je viendrai vous chercher (　) la gare.

　① à　　　　　② dans　　　　　③ pour

(2) Il est assis (　) Jeanne et Françoise.

　① dans　　　② entre　　　　　③ pendant

(3) Ils vont au cinéma une fois (　) semaine.

　① de　　　　② par　　　　　　③ selon

(4) J'ai réservé deux places (　) le T.G.V.

　① dans　　　② en　　　　　　③ entre

7　次の (1)〜(6) の文はポールの日常生活に関係深い場所を説明しています．①〜⑨の絵のなかからその場所を一つずつ選び，解答欄のその番号にマークしてください．ただし，同じものは1度しか用いてはいけません．

(1) Paul achète le journal.　　　　　　　　　　　（　）
(2) Paul prend un sandwich.　　　　　　　　　　（　）
(3) Paul promène son chien.　　　　　　　　　　（　）
(4) Paul va voir un film.　　　　　　　　　　　　（　）
(5) Paul prépare son examen.　　　　　　　　　　（　）
(6) Paul envoie un paquet.　　　　　　　　　　　（　）

8　次のシルビーとマリーの会話を読み，下の (1)〜(6) について，会話の内容に一致する場合は解答欄の ① に，一致しない場合は ② にマークしてください．

Sylvie : Bonjour! Ça va?
Marie : Pas mal, et toi?
Sylvie : J'ai mal aux jambes.
Marie : Qu'est-ce que tu as fait?
Sylvie : Je suis allée faire du ski à Chamonix ce week-end, avec mes collègues.
Marie : Depuis quand tu fais du ski?
Sylvie : Je suis débutant, mais c'est vraiment amusant de skier. Tu ne fais pas de sport? Tu faisais du jogging?
Marie : Non, je ne fais plus de jogging, mais je vais à la piscine le samedi soir. Si on y allait ensemble samedi prochain?
Sylvie : Avec plaisir!

(1) マリーは元気がない．
(2) シルヴィーは頭が痛い．
(3) シルヴィーは週末シャモニーへスキーに行った．
(4) シルヴィーはシャモニーへ家族といっしょに行った．
(5) マリーはもうジョギングをしていない．
(6) シルヴィーとマリーは次の土曜日にいっしょに泳ぎに行く約束をした．

[聞きとり試験]　（試験時間：15分）

1 ・フランス語の文 (1)〜(4) を，それぞれ 3 回ずつ聞いてください．
　　・それぞれの文に最もふさわしい絵を，下の ①〜⑥ のなかから一つずつ選び，解答欄のその番号にマークしてください（メモは自由にとってかまいません）．

2 ・フランス語の質問 (1)〜(4) を，それぞれ 3 回ずつ聞いてください．
　　・それぞれの質問に対する応答として適切なものを，①, ② から選び，解答欄のその番号にマークしてください（メモは自由にとってかまいません）．

(1) ① Non, mais je viens d'en faire.
　　② Non, mais je vais en faire.

(2) ① Il va bien.
　　② J'ai mal au cœur.

(3) ① Oui, elle est absente.
　　② Parce qu'elle est malade.

(4) ① Samedi prochain.
　　② À la Côte d'Azur.

3 ・フランス語の文 (1)〜(4) を，それぞれ 3 回ずつ聞いてください．
・どの文にも必ず数字が含まれています．例にならって，その数字を解答欄にマークしてください（メモは自由にとってかまいません）．

（例）
・「7」と解答したい場合には，

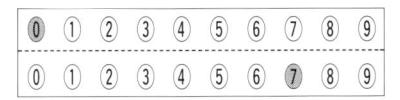

| ⓪ ① ② ③ ④ ⑤ ⑥ ⑦ ⑧ ⑨ |
| ⓪ ① ② ③ ④ ⑤ ⑥ ⑦ ⑧ ⑨ |

とその数字をマークします．

・「15」と解答したい場合には，

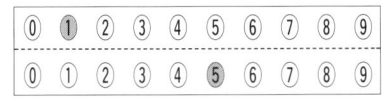

| ⓪ ① ② ③ ④ ⑤ ⑥ ⑦ ⑧ ⑨ |
| ⓪ ① ② ③ ④ ⑤ ⑥ ⑦ ⑧ ⑨ |

とその数字をマークします．

4 ・年配の女性がフランソワに道を尋ねています．その会話を，3 回ずつ聞いてください．
・次の (1)〜(5) で，応答の内容に一致する場合は解答欄の ① に，一致しない場合は ② にマークしてください（メモは自由にとってかまいません）．

(1) 老婦人はフランソワに市役所への道を尋ねている．

(2) その道は簡単にわかる．

(3) ここから近い．

(4) 老婦人はタクシーに乗るつもりだ．

(5) タクシー乗場は銀行の裏にある．

模擬試験・ヒントと解答

模擬試験 1 ［筆記試験］

1 ヒント　名詞につく冠詞，それと前置詞の組み合わせを答えさせる問題です．
(1)「彼女は駅の近くに住んでいる．」
　　près de～「～の近くに」という前置詞句を知っていれば簡単です．
(2)「今は5月だ．」
　　au mois de～「～月に」という年月日の表現です．à+le→au となり，これを「縮約」(*cf.* p. 8) といいます．前置詞と冠詞の縮約についてもう一度整理しておきましょう．
(3)「あなたはスポーツをしますか？」
　　faire du sport「スポーツをする．」de+le→du となります．
(4)「ちょっと待ってください．」
　　instant「瞬間」は数えられる男性名詞です．

解答　(1) ③　(2) ④　(3) ⑤　(4) ①

2 ヒント　代名詞にはいろいろな種類がありますが，ここでは人称代名詞と中性代名詞が取り上げられています．代名詞は文字どおり名詞に代るものですから，元の名詞が何かをまずはっきりさせることが大切です．
(1)「彼女たちはローザンヌに住んでいますか？ — いいえ，彼女たちはそこに住んでいません．」
　　「そこに」ですから《場所を示す前置詞＋名詞》に代る中性代名詞 y です．
(2)「きみの写真を見てもいいかな？ — どうぞ，見て．」
　　regarder は直接目的語をとり，ta photo は女性単数名詞です．
(3)「イボンヌを招待しましたか？ — はい，招待しました．」
　　inviter の直接目的語は Yvonne で，人称代名詞直接目的は la になりますが，母音の前ですから母音字省略が起こり l' となります．
(4)「彼女は母親にたびたび手紙を書いていますか？ — いや，彼女はたまにしか書かない．」
　　「手紙を～に書く」écrire à～．間接目的語です．
(5)「ご満足でしょうか？ — はい，満足です．」
　　Je suis contente. の属詞 contente に代わるのは中性代名詞 le です．

|解 答| (1) ③ (2) ① (3) ① (4) ③ (5) ②

3 |ヒント|
(1) **A**の依頼「今夜テーブルを一つ予約したいのですが．」は，レストランの予約の決まり文句です．それに対する**B**の応答を次の3つから選びます．
　　① 「いくらですか？」
　　② 「お元気ですか？」
　　③ 「何名様ですか？」
　　Bの返答を受けて**A**は「4名です」と応じています．
(2) **A**の「帰らなきゃ，遅くなったわ．」を受けて，**B**が聞いています．
　　① 「今何時？」
　　② 「家まで送ろうか？」
　　③ 「私と来るかい？」
　　最初の**A**と**B**のやりとりだけだとまぎらわしいのですが，最後の**A**のせりふ「いや，その必要はないわ」が相手の申し出を断るときの表現だと分かれば，問題は解けます．
(3) **A**「水を飲みますか？」を受けて，**B**が質問します．
　　① 「はい，ください．」
　　② 「コーヒーを一杯ください．」
　　③ 「いいえ結構です．」
　　それに対し**A**「のどは渇いていないのですね」というやりとりになっています．
(4) **A**「もしもし，デュポンさんをお願いします．」は電話の基本的表現です．
　　① 「そのままでどうぞ．」
　　② 「おつなぎします．」
　　③ 「いまおりません．」
　　それに対し**A**は「じゃ，また後ほどかけ直します」と応じています．

|解 答| (1) ③ (2) ② (3) ③ (4) ③

4 |ヒント| よく使われる動詞は，それぞれの時制の活用を正確に覚えておきましょう．
(1) 不規則動詞 pouvoir の現在形．**pouvez-vous？**「～してもらえますか？」という表現．
(2) 過去の習慣は直説法半過去で表します．

(3) 過去の行為は直説法複合過去で表します．動詞 sortir の複合過去形をつくるとき，助動詞は être です．その過去分詞は主語の性数に一致することにも注意してください．
(4) 未来を表す時制は直説法単純未来です．
(5) 直前に終わった過去を表すのは近接過去です．venir de＋不定詞 の構文が用いられます．

解答　(1) ②　(2) ①　(3) ③　(4) ②　(5) ③

5 ヒント
(1)「私はあなたの言うことが分からない．」
　動詞 comprendre の直接目的 vous はその直前に置かれます．
(2)「彼は自分に自信がある．」
　être sûr de lui「自分に自信がある．」lui は強勢形です．
(3)「フランス語で何と言いますか？」
　comment に導かれる疑問文では主語 on と動詞 dit が倒置されます．en français「フランス語で」
(4)「彼女は気分が悪い．」
　se sentir bien「気持ちがよい」の否定形です．再帰代名詞 se と動詞 sent を ne と pas で挟みます．
(5)「できるだけ早く帰りなさい．」
　le plus ～ possible「できるだけ～」という表現を覚えてください．

解答　(1) ② ④ ① ③　(2) ② ① ③ ④　(3) ④ ② ① ③
　　　(4) ② ③ ④ ①　(5) ② ④ ③ ①

6 ヒント
(1)「私たちは外で（街で）食事をした．」
　en ville「市内で，外で」chez soi「自分の家で」の対話．
(2)「彼女は旅行したい．」
　avoir envie de＋不定詞「～したい」
(3)「私はきみの意見に賛成です．」
　être d'accord avec＋人称代名詞強勢形「～に賛成」
(4)「彼は歩いて学校に行きます．」
　à pied「～徒歩で」，à vélo「～自転車で」，en autobus「～バスで」，en métro「～地下鉄で」

[解答] (1) ③ (2) ② (3) ② (4) ①

7 [ヒント]
（訳）
(1) 彼らは車で出発した．
(2) 私は最終列車に乗り遅れた．
(3) 今日は暑い．
(4) 私は二間ある家具付きの部屋を借りたい．
(5) 物語を一連の絵で表したものです．漫画のことです．
(6) 地下鉄の駅はどこですか．
問題文と絵との関係が簡単明瞭ではありませんが，少し考えれば分かります．

[解答] (1) ③ (2) ① (3) ④ (4) ⑦ (5) ⑤ (6) ⑧

8 [ヒント]
(1) 「分からないが」「最低1ヶ月は」au moins un mois と言っています．
(2) Il y a huit jours.「8日（1週間）前に」パリに来た，と言っています．
(3) Tu connais Nice?「ニースを知っているか？」の答えは Non です．connaître は「実際行って見て知っている」という意味の動詞です．
(4) j'habite à Nice.「ニースに住んでいる」
(5) Il y a du soleil.「太陽の光がある．」
(6) ジャンの最後のセリフは「ぼくは一度も外国に行ったことがない．」

[解答] (1) ② (2) ① (3) ① (4) ② (5) ① (6) ②

[聞きとり試験]

1 [ヒント]
(1) 「メロンを3つください．」
(2) 「カフェは郵便局の隣にあります．」
　　飲むコーヒーも，場所である喫茶店も café です．
(3) 「20ユーロのコースにします．」
　　レストランの定食のことを menu といいます．
(4) 「ピエールが料理をする．」つくる料理も，場所である台所も cuisine です．

> **CD で読まれるテキスト** 🔘₂₂
>
> (1) Trois melons, s'il vous plaît.
> (2) Le café se trouve à côté de la poste.
> (3) Je prends un menu à 20 euros.
> (4) Pierre fait la cuisine.

解答 (1) ⑤ (2) ① (3) ⑥ (4) ②

2 ヒント

(1) 「彼はどんな人ですか？」
　　①「彼は感じがいい．」　②「いい天気です．」
　　天気を尋ねる場合は Quel temps fait-il? です．
(2) 「誰ですか？」に対する応答を，①「ペンです．」②「私です．」から選びます．
(3) 「どちらから来ましたか？」に対する応答を，①「パリへ．」②「東京から．」から選びます．
　　venir de ～ で「～出身」という意味もあります．
(4) 「フランス人ではないのですか？」に対し，①，② とも「フランス人です．」と答えていますが，否定疑問に肯定の答えをするときには si を使います．non であれば je ne suis pas Française. と続くはずです．

> **CD で読まれるテキスト** 🔘₂₃
>
> (1) Comment est-il?
> (2) Qui est-ce?
> (3) D'où venez-vous?
> (4) Vous n'êtes pas Française?

解答 (1) ① (2) ② (3) ② (4) ①

3 ヒント

(1) 「この教室には何人の日本人の学生がいますか？ ― 16 人います．」
　　「数量＋名詞」16 étudiants の名詞部分に代わる中性代名詞 en に注意してください．
(2) 「今日は何日ですか？ ― 3 月 31 日です．」日付の表現にも注意してく

ださい．「～日の～曜日」だと「(le) 曜日・数字」となります．
　(3)「この塔の高さはどれくらいですか？ ―82 メートルあります．」
　　「～メートルある」は être haut de ～ mètres です．
　(4)「あなたの電話番号をお願いします．―32, 91, 17, 76 です．」
　　電話番号は 2 桁づつ区切って言います．

┌─ **CD で読まれるテキスト** ─ 🔘₂₄ ─────────────┐
│ (1) Combien y a-t-il d'étudiants japonais dans cette classe? │
│ 　　— Il y en a (seize). │
│ (2) Nous sommes le combien aujourd'hui? │
│ 　　— Le (trente et un) mars. │
│ (3) Quelle est la hauteur de cette tour? │
│ 　　— Elle est haute de (quatre-vingt-deux) mètres. │
│ (4) Votre numéro de téléphone, s'il vous plaît? │
│ 　　— C'est le (trente-deux), (quatre-vingt-onze), (dix-sept), (soixante-seize). │
└──────────────────────────────┘

[解 答] (1) **16**　(2) **31**　(3) **82**　(4) **32-91-17-76**

[4] [ヒント] 日常的な会話の表現を聞きとる問題です．友だち同士の会話でどんな決まり文句が使われるのかを知り，状況を正しくとらえましょう．
　(1) Tu as des cours cet après-midi?「午後授業があるの？」に答えて Non です．
　(2) Tu n'aimes pas le cinéma?「映画は嫌いなの？」の否定疑問に答えて肯定の Si です．つまり Si, j'aime le cinéma.「いいえ，映画は好きよ．」
　(3) je dois préparer un examen.「試験勉強しなくては」
　(4) Dimanche, d'accord,「日曜日ね，OK」
　(5) vers midi「正午頃」

┌─ **CD で読まれるテキスト** ─ 🔘₂₅ ─────────────┐
│ Eric　　　　 : Tu as des cours cet après-midi? │
│ Françoise : Non, pourquoi? │
│ Eric　　　　 : On va au cinéma?　Tu n'aimes pas le cinéma? │
│ Françoise : Si, mais je dois préparer un examen.　Je vais aller à la │

|　　　　　　bibliothèque.
Eric　　　　：　C'est dommage !　Samedi soir, ça te va ?
Françoise　：　Pas tellement.　Je suis occupée.　Dimanche, je suis libre.
Eric　　　　：　Dimanche, d'accord, je passerai chez toi à quelle heure ?
Françoise　：　Euh, vers midi, ça va ?
Eric　　　　：　Ah oui, à dimanche !

解　答　(1) ①　(2) ②　(3) ②　(4) ①　(5) ①

模擬試験　2　[筆記試験]

1　ヒント　名詞につく冠詞，それと前置詞の組み合わせを答えさせる問題です．
(1)「バス停のまわりに大勢の人がいる．」
autour de ～「～のまわりに」という前置詞句ですが，arrêt が母音で始まっています．
(2)「パリでの生活をどう思いますか？」
《trouver＋直接目的＋形容詞》「～を～であると思う」という表現です．直接目的には前置詞は必要ありません．
(3)「パトリックは家にいますか？」
何度も目にする表現 **être à la maison**「家にいる」
(4)「彼は紅茶よりコーヒーが好きだ．」
préférer A à B「B より A が好き」à＋le→au となります．

解　答　(1) ⑥　(2) ②　(3) ①　(4) ③

2　ヒント　代名詞にはいろいろな種類がありますが，ここでは人称代名詞と中性代名詞が取り上げられています．代名詞は文字どおり名詞に代るものですから，元の名詞が何かをまずはっきりさせることが大切です．
(1)「彼女は寝ていますか？　─はい，彼女を起こさないでください．」
réveiller は直接目的語をとります．
(2)「兄弟はいますか？　─はい，2 人います．」
《数量＋名詞》の名詞部分に代わる en です．j'ai deux frères.

(3)「私に本を持ってきてくれましたか？ ― いいえ，今晩持ってきます．」
　　答の文では直接目的語は le livre→l' になり，人称代名詞間接目的が me→vous になります．
(4)「あなたはどうやってボルドーに行きますか？ ― 列車で行きます．」
　　「そこに」ですから《場所を示す前置詞＋名詞》に代る中性代名詞 y です．
(5)「モランさんとはいつからのお知り合いですか？ ― 子供のときに知り合いました．」
　　「彼を知った」ですから，connaître の直接目的になるのは M. Morin→le ですが，母音につづきますから l' です．enfant は l' を説明し，「子供のころの彼」というような意味になります．

[解答] (1) ①　(2) ①　(3) ③　(4) ③　(5) ③

3 [ヒント]

(1) **A** の質問「飲物は何にしますか？」は，レストランでの決まり文句です．それに対する **B** の応答を次の 3 つから選びます．
　　① 「ミネラルウォーターをください．」
　　② 「赤ワインをください．」
　　③ 「魚にします．」
　① と ② が両方適しているようにみえますが，**B** の返答を受けて **A** は「ああ，アルコールはだめなんですね」と応じていますから，答えは自ずと決まります．

(2) **A** の「オルセー美術館へはどう行けばいいのでしょうか？」
　　と道を尋ねると，
　　① 「元気です．」
　　② 「ずっとまっすぐ行ってください．」
　　③ 「とてもよくお似合いですよ．」
「ありがとうございました」と道案内の会話です．

(3) A「こんばんは，部屋を予約しているんですが．」
　　を受けて，B が質問します．
　　① 「何泊ですか？」
　　② 「満室です．」
　　③ 「お名前は？」
　すべてホテルでの会話ですが，最後のセリフ「鈴木と申します」があるので，簡単に答えがわかります．

(4) **A**「日曜日に会わない？」と誘っています．
　　① 「OK，いいわよ．」
　　② 「わかった，日曜日に．」
　　③ 「もう約束があるの．」
　それに対し **A** は「じゃ，土曜日は暇？」とさらに質問しています．日曜日はだめだということが分かります．

解答　(1) ①　(2) ②　(3) ③　(4) ③

4　ヒント　よく使われる動詞は，それぞれの時制の活用を正確に覚えておきましょう．
　(1) 不規則動詞 avoir の現在形．**avoir envie de ～**「～したい」という表現．
　(2) 過去に完了した行為は直説法複合過去で表します．
　(3) 明朝のことですから，現在形でも単純未来形でもいいのですが，選択肢に1人称単数の現在形がありません．
　(4) 同時性を表すのは《ジェロンディフ》です．
　(5) 代名動詞の命令形です．肯定命令のとき人称代名詞目的語 te は toi となって，動詞の後に置かれます．-er 型動詞の2人称単数の命令形です．

解答　(1) ③　(2) ②　(3) ①　(4) ③　(5) ②

5　ヒント
　(1)「今日は何曜日ですか？」
　　　quel を使った疑問文の代名詞主語と動詞は倒置されます．
　(2)「私はもうすぐ20歳になる．」
　　　《aller＋不定詞》近い未来を表し「これから～なる」
　(3)「なぜあなたはそんなに疲れているのですか？」
　　　pourquoi に導かれる疑問文では主語と動詞が倒置されます．si は副詞で「とても」
　(4)「心配しないでください．」
　　　s'en faire「心配する」の否定命令形です．そのまま再帰代名詞 se 中性代名詞 en と動詞 faites を ne と pas で挟みます．
　(5)「彼女たちは野菜しか食べない．」
　　　ne ～ que ...「…しか～しない」という否定構文（内容的には肯定表現）を覚えてください．

解答 (1) ④ ② (3) ① (2) ③ ② (4) ① (3) ① ④ (3) ②
(4) ④ ① ② ③ (5) ③ ② ④ ①

6 ヒント

(1) 「私たちは 1 ヶ月後に出発します.」
dans＋時間「今から〜後」, chez soi「自分の家で」, 現在以外を起点にするときは, un mois après「それから 1 ヶ月後」
(2) 「きみは夏休みの間に何をしましたか？」
pendant＋期間「〜の間に（期間中のある時点）, 〜の間（期間全体）」
(3) 「銀行は市役所の前にあります？」
devant は場所を示す「〜の前に」, avant は主に時間を示す「〜の前に」
(4) 「彼は試験のために勉強します.」
pour＋名詞「〜のために」, pour＋不定詞「〜するために」

解答 (1) ② (2) ③ (3) ③ (4) ②

7 ヒント

(訳)
(1) 救急車を呼んでください.
(2) 助けて, 泥棒.
(3) 助けて, 火事だ.
(4) 静かにほうっておいて.
(5) 道に迷いました. ここはどこですか？
(6) 車が故障して, 動きません.
緊急事態の場面です.

解答 (1) ⑧ (2) ⑤ (3) ② (4) ⑥ (5) ① (6) ④

8 ヒント

(1) Je viens pour la chambre.「部屋のことで来ました.」と言っていますが, それだけでは借りにきたのかどうか分かりません. 後に Quel est le loyer?「家賃はいくらですか？」と尋ねていることで, そうだと確かめられます.
(2) C'est assez sombre.「かなり暗い.」Le matin, oui, mais vous avez le soleil l'après-midi.「朝は暗いが, 午後は光が入る.」と言っています.

(3) il y a une petite cuisine.「小さい台所があります.」
(4) 300 euros vous avez dit?「300 ユーロとおっしゃいましたよね?」との質問に, Oui, c'est ça.「はい, そうです.」答えています.
(5) la douche commune「共同シャワー」があります.
(6) tout de suite?「今すぐ」との問に, A partir de lundi.「月曜から」の答.

解 答 (1) ①　(2) ②　(3) ②　(4) ①　(5) ②　(6) ②

[聞きとり試験]

1 ヒント

(1)「切符を拝見します.」
(2)「おなかが痛いんです.」
(3)「サクランボが欲しいんですが.」
(4)「もう少しワインはいかがですか?」

CD で読まれるテキスト 🔘 26

(1) Votre billet, s'il vous plaît.
(2) J'ai mal au ventre.
(3) Je voudrais des cerises.
(4) Voulez-vous un peu plus de vin?

解 答 (1) ④　(2) ⑥　(3) ⑤　(4) ②

2 ヒント

(1)「あなたのお名前は?」
　①「わたしは鈴木一郎です.」②「彼は鈴木さんです.」
(2)「この映画についてどう思いますか?」
　①「とても勉強熱心.」②「とても面白い.」
　studieux は人について言います.
(3)「ご兄弟はおありですか?」に対する答が, ①「2 人います.」②「彼らは私の兄弟ではありません.」
(4)「コーヒー飲む?」に対し, ①「はい, いただく.」②「はい, 1 杯飲んだ.」

CD で読まれるテキスト 🔘 27

(1) Quel est votre nom?
(2) Que penses-tu de ce film?
(3) Vous avez des frères?
(4) Tu prends du café?

解答　(1) ①　(2) ②　(3) ①　(4) ①

3　ヒント

(1)「彼はもうすぐ 19 歳になる．」「〜歳です」avoir 〜 ans の構文に《aller＋不定詞》の近接未来の構文が重なっています．
(2)「1 年は 12 ヶ月です．」
(3)「3 時 43 分です．」時刻の表現を確かめてください．
(4)「彼はバビロン通り 96 番地に住んでいます．」
　住居表示は，番地の後に通りや広場の名前がきます．

CD で読まれるテキスト 🔘 28

(1) Il va avoir (dix-neuf) ans.
(2) Il y a (douze) mois dans l'année.
(3) Il est trois heures (quarante-trois).
(4) Il habite (quatre-vingt-seize) rue de Babylone.

解答　(1) **19**　(2) **12**　(3) **43**　(4) **96**

4　ヒント　列車の切符を買うときの会話です．駅の窓口での状況を正しくとらえましょう．

(1) deux billets「切符 2 枚」です．
(2) aller et retour「往復」です．
(3) Seconde classe「2 等車」です．
(4) non fumeurs「禁煙車」です．
(5) A quatorze heures vingt.「14 時 20 分」．

CDで読まれるテキスト 🎧29

Michelle : Bonjour, je voudrais deux billets pour Bordeaux, s'il vous plaît.
Le guichetier : Aller simple ?
Michelle : Non, aller et retour en T.G.V. L'aller, c'est le train de onze heures vingt pour aujourd'hui, le retour pour demain vers midi.
Le guichetier : Première ou seconde classe ? Fumeurs ou non fumeurs ?
Michelle : Seconde classe, non fumeurs, s'il vous plaît.
Le guichetier : Voici vos billets aller-retour et vos réservations, ça fait cent quatre-vingts euros.
Michelle : Le train arrive à quelle heure à Bordeaux ?
Le guichetier : À quatorze heures vingt.
Michelle : Merci, bien.

解答 (1) ① (2) ② (3) ① (4) ② (5) ①

模擬試験 3 ［筆記試験］

1 **ヒント** 冠詞や前置詞と冠詞の組み合わせを答えさせる問題です．
 (1)「彼女は毎朝，7時に起きる．」
  「〜時に」というときの前置詞は à です．
 (2)「彼女は映画に行く．」
  à+le→au となります．cinéma「映画館」男性単数名詞．
 (3)「彼女は運が悪い．」
  avoir de la chance「運が良い」を否定文にすると，直接目的の前の部分冠詞 de la は de になります．
 (4)「秋は1年で最も快適な季節だ．」
  最上級をつくるときは《定冠詞＋plus (moins)＋形容詞》となりますが，定冠詞は形容詞が説明する名詞の性数に一致します．

解答 (1) ① (2) ④ (3) ⑥ (4) ③

2 **ヒント** 代名詞にはいろいろな種類がありますが，ここでは人称代名詞と中性代名詞が取り上げられています．代名詞は文字どおり名詞に代るものですから，元の名詞が何かをまずはっきりさせることが大切です．
(1)「彼女が結婚していることは知ってる？ — うん，知ってる．」
qu'elle est mariée「彼女が結婚していること」に代わるのは中性代名詞 le です．
(2)「フランス語の宿題にとりかかっているかい？ — はい，してます．」
travailler à 〜「〜に精をだす」．《à＋名詞》に代るのは中性代名詞 y です．
(3)「よろしければ，お宅までお送りできますが．— それはご親切にどうも．」
accompagner は他動詞で直接目的をとります．ちなみに chez の後の vous は強勢形です．
(4)「私に今夜電話して．— わかった，電話するよ．」
当然「きみに」電話するのです．間接目的です．
(5)「エッフェル塔はパリのシンボルです．— その通りです．とても遠くからでも見えます．」
voir は直接目的をとります．La Tour Eiffel → la になります．

解答 (1) ② (2) ③ (3) ③ (4) ③ (5) ②

3 **ヒント**
(1) **A** の質問「何をしていますか？」は，「今そこで何をしているのか？」という意味と，「職業は何か」という意味があります．それに対する **B** の応答を次の3つから選びます．
　①「エンジニアです．」
　②「スキーをします．」
　③「コーヒーにします．」
この B の返答を受けて A は「そう，どこで働いているのですか？」と応じていますから，答えは自ずと決まります．
(2) A が「何時ですか？」と時間をたずねると，
　①「いいえ，時間がありません．」
　②「もう7時です．」
　③「のちほど．」
それを聞いて「コンサートが始まります，急ぎましょう」と声をかけます．

(3) **A**「どうしましたか？」を受けて，**B** が答えます．
　　① 「大勢の観光客がいます．」
　　② 「彼(女)の健康が心配です．」
　　③ 「問題ありません．」
　最初の **A** と **B** のやりとりだけだと，② でも ③ でも会話になりますが，最後のセリフ「安心してください，良くなってます」があるので，② だと分かります．
(4) **A**「煙たくないですか？」と断っています．
　　① 「全然．」
　　② 「ええ，とても．」
　　③ 「そうかもしれない．」
　それに対し **A** は「ありがとう」と安心しています．タバコをすうときのマナーです．

[解答] (1) ①　(2) ②　(3) ②　(4) ①

4 [ヒント] よく使われる動詞は，それぞれの時制の活用を正確に覚えておきましょう．
(1) 今知ったのであって，さっきまでは知らなかったので直説法半過去を使います．
(2) 近い未来は単純未来でも表せますが，ここでは《aller＋不定詞》の近接未来の構文が用いられています．
(3) 2人称複数の命令形です．
(4) sortir faire des courses「買い物に出かける」sortir は dîner などいくつかの動詞の不定詞を直接とることができます．過去の行為を示すのは複合過去です．
(5) **vouloir dire~**「~を意味する」もちろん直説法現在です．

[解答] (1) ②　(2) ②　(3) ②　(4) ③　(5) ①

5 [ヒント]
(1)「部屋を予約したほうがよい．」
　《il vaut mieux＋不定詞》という非人称構文です．
(2)「ここでの喫煙は禁止されている．」
　《il est interdit de＋不定詞》という非人称構文「~は禁止されている」

(3)「彼女はみんなから愛されている．」
《être＋過去分詞》でつくられる受動態です．状態を表すとき動作主は de で示されます．
(4)「何か食べる物がありますか？」
quelque chose à＋不定詞「～すべきもの」という言い回しです．
(5)「私はあなたの名前が思いだせない．」
代名動詞の否定形です．再帰代名詞 me と動詞 rappelle を ne と pas で挟みます．

[解 答] (1) ④ ① (2) ③　(2) ① ④ (2) ③　(3) ③ ① (2) ④
(4) ④ ③ ① ②　(5) ② ① ④ ③

6 [ヒント]

(1)「私が駅まであなたを迎えに行きます．」
venir (aller) chercher＋人「～を迎えに行く」
(2)「彼はジャンヌとフランソワーズの間に座っています．」
entre A et B「AとBの間に」，2つ以上のもののあいだなら parmi．
(3)「彼らは週に一回映画に行きます．」
par には「～につき，～ごとに」という意味があります．
(4)「私は T.G.V. の座席を2つ予約しました．」
dans＋乗り物「～のなかに」

[解 答] (1) ①　(2) ②　(3) ②　(4) ①

7 [ヒント]

(訳)
(1) ポールは新聞を買う．
(2) ポールはサンドイッチをたべる．
(3) ポールは犬を散歩させる．
(4) ポールは映画を見に行く．
(5) ポールは試験勉強をする．
(6) ポールは小包を送る．

[解 答] (1) ④　(2) ⑤　(3) ⑨　(4) ②　(5) ③　(6) ⑦

8 ヒント

(1) Pas mal.「悪くない」と言っていますが，それは「よい」よりも良いことを言うのが一般的です．

(2) J'ai mal aux jambes.「腿が痛い．」

(3)(4) Je suis allée faire du ski à Chamonix ce week-end, avec mes collègues.「シャモニーへスキーをしに，先週末，仲間たちと行った．」

(5) je ne fais plus de jogging,「もうジョギングはしていない」ne ~ plus「もう～しない」という否定表現の一つ．

(6) Si on y allait ensemble samedi prochain?「こんどの土曜日にいっしょに（プール）に行かない？」との誘いに，Avec plaisir!「喜んで．」と答えています．

《si＋直説法半過去》で勧誘の表現になることもあります．

解答 (1) ②　(2) ②　(3) ①　(4) ②　(5) ①　(6) ①

[聞きとり試験]

1 ヒント

(1)「お座りください．」
(2)「手を触れないで．」
(3)「窓を閉めてください．」
(4)「ここは禁煙です．」

CD で読まれるテキスト

(1) Asseyez-vous!
(2) Ne touche pas!
(3) Fermez la fenêtre, s'il vous plaît.
(4) Il est interdit de fumer ici.

解答 (1) **6**　(2) **1**　(3) **2**　(4) **4**

2 ヒント

(1)「コーヒーはありますか？」
　①「いえ，いれたばかりです．」②「いえ，いまからいれます．」
(2)「どこが悪いの？」
　①「彼は病気です．」②「胸がむかついています．」
(3)「どうして彼女は今日欠席しているのですか？」に対する答が，
　①「はい彼女は欠席です．」②「彼女は病気だから．」
　Pourquoi — Parce que の組み合わせを覚えておきましょう．
(4)「いつ出発するの，ヴァカンスに？」に対し，
　①「次の土曜日．」②「コート・ダジュールへ．」

CD で読まれるテキスト 🎧 31

(1) Il y a du café?
(2) Qu'est-ce qui ne va pas?
(3) Pourquoi est-elle absente aujourd'hui?
(4) Tu pars quand, en vacances?

解答 (1) ② (2) ② (3) ② (4) ①

3 ヒント

(1)「何年前から東京に住んでいるの？ —15年前から．」
(2)「遠いですか？ —はい，ここから60キロです．」
(3)「あなたのサイズはいくつですか？ —42です．」
(4)「どこから始めますか？ —94ページからです．」

CD で読まれるテキスト 🎧 32

(1) Tu habites à Tokyo depuis combien d'années?
　　— Depuis (quinze) ans.
(2) C'est loin?
　　— Oui, (soixante) kilomètres d'ici.
(3) Quelle est votre taille?
　　— Je fais du (quarante-deux).
(4) Par où commençons-nous?
　　— Page (quatre-vingt-quatorze).

[解答] (1) **15**　(2) **60**　(3) **42**　(4) **94**

4　[ヒント]　年配の女性とフランソワの会話です．道案内の状況を正しくとらえましょう．

(1) Je cherche la gare.「駅をさがしています．」
(2) C'est facile.「簡単」
(3) c'est un peu loin d'ici.「ここから少し遠い．」
(4) Je vais prendre un taxi.「タクシーに乗ります．」
(5) devant la banque「銀行の前」

CDで読まれるテキスト 〔33〕

La vieille dame : Monsieur, s'il vous plaît!
François　　　　: Oui?
La vieille dame : Je cherche la gare. Vous pourriez m'indiquer le chemin?
François　　　　: Oui, madame. Vous prenez la première rue à gauche, et vous allez tout droit. C'est facile, mais c'est un peu loin d'ici.
La vieille dame : Ah, bon, combien de temps je vais mettre à pied?
François　　　　: Peut-être dix minutes.
La vieille dame : Tant que ça! Je vais prendre un taxi. Où est la station de taxi?
François　　　　: Là-bas, devant la banque.
La vieille dame : Merci, monsieur.

[解答]　(1) ②　(2) ①　(3) ②　(4) ①　(5) ②

電話での表現

Allô.	もしもし.
Allô, je suis bien chez Monsieur Durand?	もしもし、デュランさんのお宅ですか?
Allô, c'est Jacqueline?	もしもし、ジャクリーヌですか?
Est-ce que Jacqueline est là?	ジャクリーヌはいますか?
Je peux parler à Jacqueline?	ジャクリーヌをお願いします.
Je voudrais parler au directeur.	部長さんをお願いします.
C'est de la part de qui? / Qui est à l'appareil?	どちら様ですか?
Ici, Luc. / C'est Luc.	こちら、リュックです.
Je vous le [la] passe.	彼[彼女]にかわります.
Je vous passe sa secrétaire.	彼の秘書にかわります.
Ne quittez pas.	そのままお待ちください.
Il n'est pas là.	彼はいません.
Il est sorti.	彼はでかけました.
Je vais rappeler.	またあとでかけ直します.
Pouvez-vous rappeler plus tard?	あとでかけ直してくださいます?
Voulez-vous laisser un message?	何かお伝えしましょうか?
Je peux laisser un message?	伝言をお願いできますか?
Dites-lui de me rappeler.	あとで電話をくれるように言ってください.
Mon numéro de téléphone est le 04.78.24.60.44.	私の電話番号は 04.78.24.60.44 です.
Je vous entends mal.	よく聞こえません.
Pourriez-vous parler plus fort?	もっと大きな声で話していただけますか?
Vous vous trompez de numéro.	番号をお間違えです.
La ligne est occupée.	話し中です.

会話の表現

【お店で】

Bonjour, Madame. Vous désirez?	いらっしゃいませ. 何をさしあげましょうか?
Vous cherchez quelque chose?	何かお探しですか?
Qu'est-ce que je peux faire pour vous?	何かお探ししましょうか?

Je regarde seulement.	見ているだけです.
Un kilo d'oranges, s'il vous plaît.	オレンジを1キロください.
Je cherche un manteau.	コートを探しています.
Je voudrais une cravate.	ネクタイがほしいんですが.
Donnez-moi deux timbres à 1 euro, s'il vous plaît.	1ユーロ切手を2枚ください.
Vous avez des cartes postales?	絵はがきはありますか?
Vous n'avez plus de croissants?	クロワッサンはもうないんですか?
De quelle couleur?	どんな色のですか?
Quelle taille faites-vous?	サイズはいくつですか?
Vous en voulez combien?	いくつさしあげましょう?
Et avec ça?	他に何か?
Je peux l'essayer?	試着していいですか?
Je le [la, les] prends.	それにします.
C'est tout.	これで全部です.
C'est combien? / Ça coûte combien?	いくらですか?
Je vous dois combien? / Ça fait combien?	いくらになりますか?

◎36【カフェ・レストランで】

Je voudrais réserver une table.	テーブルを予約したいのですが.
Vous avez choisi?	お決まりですか?
Qu'est-ce que vous voulez comme boisson?	飲み物は何にしますか?
Vous avez terminé?	お済みですか?
L'addition, s'il vous plaît.	お勘定をお願いします.

◎37【駅・案内所・郵便局などで】

Où est-ce qu'on peut acheter des billets?	切符はどこで買えますか?
Un aller-retour pour Paris, s'il vous plaît.	パリまで往復切符を一枚ください.
Quel est le numéro de bus pour l'aéroport?	空港行きのバスは何番ですか?
Il faut changer à Montparnasse.	モンパルナスで乗り換えなければいけません.
Pour le Japon, c'est combien, par avion?	日本まで,航空便でいくらですか?

あいさつ (1)

Bonjour.	こんにちは，おはよう．
Bonsoir.	こんばんは．
… monsieur / madame / mademoiselle.	（つけると丁寧な表現になる）
Salut.	やあ．
Comment allez-vous? / Vous allez bien?	お元気ですか？
Très bien, merci.　Et vous?	元気です．どうも．あなたはどうですか？
Comment va Jeanne?	ジャンヌは元気ですか？
Ça va? / Comment ça va? / Comment vas-tu?	元気でやってる？
Pas mal, et toi?	まあまあね．きみは？
Ça va, merci.	元気だよ，どうも．
Au revoir.	さようなら．
À bientôt!	また近いうちに．
À la prochaine fois!	また今度！
À tout à l'heure!	またあとで！
Merci (beaucoup).	（どうも）ありがとう．
Je vous remercie.	ありがとうございます．
C'est gentil.	ご親切に．
Je vous en prie.	どういたしまして．（お礼を言われて）
S'il te plaît. / S'il vous plaît.	すみません，お願いします．
Pardon.	すみません．
Excusez-moi.	ごめんなさい．
Je vous en prie.	お願いします．（依頼とともに）
Ce n'est rien.	なんでもありません．
Ce n'est pas grave.	大したことではありません．
Je suis désolé(e).	残念ですが．
Tant pis.	仕方がない．
C'est dommage.	それは残念だ．
Je m'appelle Louise.	私はルイーズといいます．
Enchanté(e)!	はじめまして！

あいさつ (2)

Félicitations !	おめでとう！
Bon anniversaire !	誕生日おめでとう！
Bon appétit !	召しあがれ！
Bon courage !	がんばって！
Bon voyage !	行ってらっしゃい（楽しい旅行を）！
Bonne année !	新年おめでとう（よい1年を）！
Bonne chance !	幸運を祈ります！
Bonne journée !	楽しい一日を！
Bonne nuit !	お休みなさい！
Bonne soirée !	楽しい夜を！
Bonnes vacances !	楽しい休暇を！
Joyeux Noël !	メリークリスマス！

天候の表現

Il fait beau / mauvais / chaud / froid / doux / frais.
天気がいい / 天気が悪い / 暑い / 寒い / 暖かい / 涼しい．

cf. Aujourd'hui, il fait beau.	今日はいい天気だ．
Hier, il faisait beau.	昨日はいい天気だった．（半過去）
Demain, il fera beau.	明日はいい天気だろう．（単純未来）
Il pleut.	雨が降る． < pleuvoir
cf. Il a plu.	雨が降った．（複合過去）
Il pleuvait.	雨が降っていた．（半過去）
Il neige.	雪が降る． < neiger
cf. Il a neigé.	雪が降った．（複合過去）
Il neigeait.	雪が降っていた．（半過去）
Il y a du vent.	風がある．
Il y a du brouillard.	霧がでている．
Il fait 30 degrés.	気温は30度ある．

会話で使うあいづち，感情表現

Ah bon ?	ああ，そう？
Allez ! / Allons ! / …, va !	さあさあ，やれやれ！
Alors.	では，じゃ．
Bien sûr.	もちろん．
Ça alors !	いやはや！
C'est formidable !	それはすごい！
(*cf.* C'était formidable !)	すごかった（半過去）)
C'est vrai ?	本当？
Bon !	よし，さて！
Comment ? / Comment ça ?	えっ，何だって？
D'abord.	まず．
De toute façon.	とにかく．
Dites. / Dis donc !	ねえ，ちょっと／おいおい！
Écoutez. / Écoute.	あのね，ちょっと／いいですか．
Je ne sais pas.	わかりません．
Justement.	まさに，ちょうど
Moi non plus.	私も～でない．
Pas du tout.	いえ，まったく．
Quelle surprise !	わあ驚いた！
Qu'est-ce qui t'arrive ?	いったいどうしたの？
Tiens !	おや！
Tu as raison. / Vous avez raison.	おっしゃるとおり．
Vous n'avez pas de chance.	ついていませんね．
(Vous n'avez pas eu de chance.	ついていませんでしたね．（複合過去）)

申し出，勧誘…

On va au cinéma ?	映画に行かない？
Tu sors avec moi ce soir ?	今晩いっしょに出かけない？
Vous ne voulez pas aller au concert ?	コンサートに行きませんか？
Si on allait dîner ce soir ?	今晩外で食事しない？ （< aller の半過去．勧誘の表現）
On peut sortir ensemble ?	いっしょに出かけてもいいね？
On pourrait…	ちょっと…してみようか．（条件法）
J'aimerais bien…	…してみたいな．（条件法）
Je préférerais plutôt…	…の方がいいんだけど．（条件法）
Avec plaisir. / Volontiers. / Je veux bien.	よろこんで．
Très bonne idée.	とてもいい考えね．
D'accord.　On y va.	いいよ．さあ行こう．
Je peux vous aider ?	お手伝いしましょうか？
Merci.　C'est gentil.	ありがとう，ご親切に．
Ce n'est pas la peine.	それにはおよびません．

依頼，許可を求める

Fermez la porte, s'il vous plaît.	すみません，ドアを閉めてください．
Est-ce que je peux ouvrir la fenêtre ?	窓を開けてもいいですか？
Tu peux me passer ce journal ?	その新聞をとってくれる？
Vous pouvez appeler un taxi ?	タクシーを呼んでもらえますか？
Pourriez-vous…	…していただけますか．（条件法・丁寧）
Oui, bien sûr.	はい，もちろん．

健康表現

Qu'est-ce que tu as?	どうしたの？
Tu ne vas pas bien?	具合わるいの？
Qu'est-ce qui ne va pas?	どこが悪いのですか？
Je suis un peu malade.	ちょっと具合が悪い．
J'ai de la fièvre.	熱がある．
Je n'ai pas d'appétit.	食欲がない．
J'ai faim [soif / sommeil / chaud / froid].	空腹だ［のどが渇いた，眠い，暑い，寒い］．
J'ai mal à la tête [à la gorge / aux pieds / à l'estomac, etc.]	頭［のど，足，胃］が痛い．

つなぐことば

☐ et	そして	☐ pour que*	～するために
☐ puis	つぎに	☐ de peur que*	～をおそれて
☐ alors	それで，そのころ	☐ de façon que	それで～だ
☐ donc	したがって	☐ si ～ que...	とても～なので～
☐ c'est-à-dire	つまり	☐ bien que*	～にもかかわらず
☐ c'est pourquoi	だから	☐ sans que*	～しないうちに
☐ ni ～ ni ～	～も～もない	☐ quoique*	～ではあるが
☐ mais	しかし	☐ tandis que	～に対して
☐ cependant	しかしながら	☐ aussitôt que	～するとすぐ
☐ pourtant	それでも	☐ dès que	～するやいなや
☐ quand même	それでも	☐ jusqu'à ce que*	～するまで
☐ à propos	ところで	☐ depuis que	～してから
☐ or	さて	☐ pendant que	～の間
☐ par ailleurs	他方では	☐ avant que*	～の前
☐ non seulement ～ mais aussi…	～だけでなく～も	☐ après que	～の後
		☐ si	もし
☐ car	なぜなら	☐ quand	～の時
☐ parce que	～だから	☐ lorsque	～の時
☐ puisque	～なので	☐ comme	～の時，～だから，～のように

＊ は que 以下の節で接続法が用いられるもの．

著者略歴
梅比良眞史
1976年　早稲田大学
1987年　立教大学大学院博士課程
現在　　新潟産業大学教授

実用フランス語技能検定試験
仏検合格のための
傾向と対策 4 級（CD 付）全訂

1987年10月30日 初版・2022年7月1日 全訂19刷

著　者	梅比良　眞史
発行者	井田　洋二
製　版	ユーピー工芸
印刷・製本	三友印刷　株式会社

発行所　（株）駿河台出版社（電話 03-3291-1676 番）
〒101-0062 東京都千代田区神田駿河台 3 の 7

ISBN978-4-411-80107-4　C0085

落丁・乱丁・不良本はお取り替えします．
当社に直接お申し出下さい．
（許可なしにアイディアを使用し，また
は転載，複製することを禁じます）
Printed in Japan

動詞活用表

◇ 活用表中，現在分詞と過去分詞はイタリック体，
また書体の違う活用は，とくに注意すること．

accueillir	22	écrire	40	pleuvoir	61
acheter	10	émouvoir	55	pouvoir	54
acquérir	26	employer	13	préférer	12
aimer	7	envoyer	15	prendre	29
aller	16	être	2	recevoir	52
appeler	11	être aimé(e)(s)	5	rendre	28
(s')asseoir	60	être allé(e)(s)	4	résoudre	42
avoir	1	faire	31	rire	48
avoir aimé	3	falloir	62	rompre	50
battre	46	finir	17	savoir	56
boire	41	fuir	27	sentir	19
commencer	8	(se) lever	6	suffire	34
conclure	49	lire	33	suivre	38
conduire	35	manger	9	tenir	20
connaître	43	mettre	47	vaincre	51
coudre	37	mourir	25	valoir	59
courir	24	naître	44	venir	21
craindre	30	ouvrir	23	vivre	39
croire	45	partir	18	voir	57
devoir	53	payer	14	vouloir	58
dire	32	plaire	36		

◇ 単純時称の作り方

不定法		直説法現在				接続法現在		直説法半過去	
—er	[e]	je (j')	—e	[無音]	—s [無音]	—e	[無音]	—ais	[ɛ]
—ir	[ir]	tu	—es	[無音]	—s [無音]	—es	[無音]	—ais	[ɛ]
—re	[r]	il	—e	[無音]	—t [無音]	—e	[無音]	—ait	[ɛ]
—oir	[war]	nous	—ons	[ɔ̃]		—ions	[jɔ̃]	—ions	[jɔ̃]
現在分詞		vous	—ez	[e]		—iez	[je]	—iez	[je]
—ant	[ɑ̃]	ils	—ent	[無音]		—ent	[無音]	—aient	[ɛ]

	直説法単純未来		条件法現在	
je (j')	—rai	[re]	—rais	[rɛ]
tu	—ras	[rɑ]	—rais	[rɛ]
il	—ra	[ra]	—rait	[rɛ]
nous	—rons	[rɔ̃]	—rions	[rjɔ̃]
vous	—rez	[re]	—riez	[rje]
ils	—ront	[rɔ̃]	—raient	[rɛ]

	直 説 法 単 純 過 去					
je	—ai	[e]	—is	[i]	—us	[y]
tu	—as	[ɑ]	—is	[i]	—us	[y]
il	—a	[a]	—it	[i]	—ut	[y]
nous	—âmes	[am]	—îmes	[im]	—ûmes	[ym]
vous	—âtes	[at]	—îtes	[it]	—ûtes	[yt]
ils	—èrent	[ɛr]	—irent	[ir]	—urent	[yr]

過去分詞	—é [e], —i [i], —u [y], —s [無音], —t [無音]

①**直説法現在**の単数形は，第一群動詞では —e, —es, —e；他の動詞ではほとんど —s, —s, —t.
②**直説法現在**と**接続法現在**では，nous, vous の語幹が，他の人称の語幹と異なること(母音交替)がある．
③**命令法**は，直説法現在の tu, nous, vous をとった形．(ただし —es → e　vas → va)
④**接続法現在**は，多く直説法現在の 3 人称複数形から作られる．ils partent → je parte.
⑤**直説法半過去**と**現在分詞**は，直説法現在の 1 人称複数形から作られる．
⑥**直説法単純未来**と**条件法現在**は多く不定法から作られる．aimer → j'aimerai, finir → je finirai, rendre → je rendrai (-oir 型の語幹は不規則)．

1. avoir

	直　説　法					
	現　在		半　過　去		単　純　過　去	
現在分詞	j'	ai	j'	avais	j'	eus　　[y]
ayant	tu	as	tu	avais	tu	eus
	il	a	il	avait	il	eut
過去分詞	nous	avons	nous	avions	nous	eûmes
eu [y]	vous	avez	vous	aviez	vous	eûtes
	ils	ont	ils	avaient	ils	eurent
命　令　法	複　合　過　去		大　過　去		前　過　去	
	j'	ai　　eu	j'	avais　　eu	j'	eus　　eu
aie	tu	as　　eu	tu	avais　　eu	tu	eus　　eu
	il	a　　eu	il	avait　　eu	il	eut　　eu
ayons	nous	avons　eu	nous	avions　eu	nous	eûmes　eu
ayez	vous	avez　eu	vous	aviez　eu	vous	eûtes　eu
	ils	ont　　eu	ils	avaient　eu	ils	eurent　eu

2. être

	直　説　法					
	現　在		半　過　去		単　純　過　去	
現在分詞	je	suis	j'	étais	je	fus
étant	tu	es	tu	étais	tu	fus
	il	est	il	était	il	fut
過去分詞	nous	sommes	nous	étions	nous	fûmes
été	vous	êtes	vous	étiez	vous	fûtes
	ils	sont	ils	étaient	ils	furent
命　令　法	複　合　過　去		大　過　去		前　過　去	
	j'	ai　　été	j'	avais　　été	j'	eus　　été
sois	tu	as　　été	tu	avais　　été	tu	eus　　été
	il	a　　été	il	avait　　été	il	eut　　été
soyons	nous	avons　été	nous	avions　été	nous	eûmes　été
soyez	vous	avez　été	vous	aviez　été	vous	eûtes　été
	ils	ont　　été	ils	avaient　été	ils	eurent　été

3. avoir aimé

[複合時称]

	直　説　法					
	複　合　過　去		大　過　去		前　過　去	
分詞複合形	j'	ai　　aimé	j'	avais　　aimé	j'	eus　　aimé
ayant aimé	tu	as　　aimé	tu	avais　　aimé	tu	eus　　aimé
	il	a　　aimé	il	avait　　aimé	il	eut　　aimé
命　令　法	elle	a　　aimé	elle	avait　　aimé	elle	eut　　aimé
aie aimé	nous	avons　aimé	nous	avions　aimé	nous	eûmes　aimé
ayons aimé	vous	avez　aimé	vous	aviez　aimé	vous	eûtes　aimé
ayez aimé	ils	ont　　aimé	ils	avaient　aimé	ils	eurent　aimé
	elles	ont　　aimé	elles	avaient　aimé	elles	eurent　aimé

4. être allé(e)(s)

[複合時称]

	直　説　法					
	複　合　過　去		大　過　去		前　過　去	
分詞複合形	je	suis　allé(e)	j'	étais　allé(e)	je	fus　allé(e)
étant allé(e)(s)	tu	es　　allé(e)	tu	étais　allé(e)	tu	fus　allé(e)
	il	est　　allé	il	était　allé	il	fut　allé
命　令　法	elle	est　　allée	elle	était　allée	elle	fut　allée
sois allé(e)	nous	sommes allé(e)s	nous	étions　allé(e)s	nous	fûmes　allé(e)s
soyons allé(e)s	vous	êtes　allé(e)(s)	vous	étiez　allé(e)(s)	vous	fûtes　allé(e)(s)
soyez allé(e)(s)	ils	sont　allés	ils	étaient　allés	ils	furent　allés
	elles	sont　allées	elles	étaient　allées	elles	furent　allées

				条　件　法		接　続　法			
	単　純　未　来			現　在		現　在		半　過　去	
j'	aurai		j'	aurais	j'	aie	j'	eusse	
tu	auras		tu	aurais	tu	aies	tu	eusses	
il	aura		il	aurait	il	ait	il	eût	
nous	aurons		nous	aurions	nous	ayons	nous	eussions	
vous	aurez		vous	auriez	vous	ayez	vous	eussiez	
ils	auront		ils	auraient	ils	aient	ils	eussent	
	前　未　来			過　去		過　去		大　過　去	
j'	aurai	eu	j'	aurais	eu	j'	aie	eu	j'	eusse	eu
tu	auras	eu	tu	aurais	eu	tu	aies	eu	tu	eusses	eu
il	aura	eu	il	aurait	eu	il	ait	eu	il	eût	eu
nous	aurons	eu	nous	aurions	eu	nous	ayons	eu	nous	eussions	eu
vous	aurez	eu	vous	auriez	eu	vous	ayez	eu	vous	eussiez	eu
ils	auront	eu	ils	auraient	eu	ils	aient	eu	ils	eussent	eu

				条　件　法		接　続　法			
	単　純　未　来			現　在		現　在		半　過　去	
je	serai		je	serais	je	sois	je	fusse	
tu	seras		tu	serais	tu	sois	tu	fusses	
il	sera		il	serait	il	soit	il	fût	
nous	serons		nous	serions	nous	soyons	nous	fussions	
vous	serez		vous	seriez	vous	soyez	vous	fussiez	
ils	seront		ils	seraient	ils	soient	ils	fussent	
	前　未　来			過　去		過　去		大　過　去	
j'	aurai	été	j'	aurais	été	j'	aie	été	j'	eusse	été
tu	auras	été	tu	aurais	été	tu	aies	été	tu	eusses	été
il	aura	été	il	aurait	été	il	ait	été	il	eût	été
nous	aurons	été	nous	aurions	été	nous	ayons	été	nous	eussions	été
vous	aurez	été	vous	auriez	été	vous	ayez	été	vous	eussiez	été
ils	auront	été	ils	auraient	été	ils	aient	été	ils	eussent	été

				条　件　法		接　続　法			
	前　未　来			過　去		過　去		大　過　去	
j'	aurai	aimé	j'	aurais	aimé	j'	aie	aimé	j'	eusse	aimé
tu	auras	aimé	tu	aurais	aimé	tu	aies	aimé	tu	eusses	aimé
il	aura	aimé	il	aurait	aimé	il	ait	aimé	il	eût	aimé
elle	aura	aimé	elle	aurait	aimé	elle	ait	aimé	elle	eût	aimé
nous	aurons	aimé	nous	aurions	aimé	nous	ayons	aimé	nous	eussions	aimé
vous	aurez	aimé	vous	auriez	aimé	vous	ayez	aimé	vous	eussiez	aimé
ils	auront	aimé	ils	auraient	aimé	ils	aient	aimé	ils	eussent	aimé
elles	auront	aimé	elles	auraient	aimé	elles	aient	aimé	elles	eussent	aimé

				条　件　法		接　続　法			
	前　未　来			過　去		過　去		大　過　去	
je	serai	allé(e)	je	serais	allé(e)	je	sois	allé(e)	je	fusse	allé(e)
tu	seras	allé(e)	tu	serais	allé(e)	tu	sois	allé(e)	tu	fusses	allé(e)
il	sera	allé	il	serait	allé	il	soit	allé	il	fût	allé
elle	sera	allée	elle	serait	allée	elle	soit	allée	elle	fût	allée
nous	serons	allé(e)s	nous	serions	allé(e)s	nous	soyons	allé(e)s	nous	fussions	allé(e)s
vous	serez	allé(e)(s)	vous	seriez	allé(e)(s)	vous	soyez	allé(e)(s)	vous	fussiez	allé(e)(s)
ils	seront	allés	ils	seraient	allés	ils	soient	allés	ils	fussent	allés
elles	seront	allées	elles	seraient	allées	elles	soient	allées	elles	fussent	allées

5. être aimé(e)(s) ［受動態］

直　説　法						接　続　法		
現　在			複　合　過　去			現　在		
je	suis	aimé(e)	j'	ai	été aimé(e)	je	sois	aimé(e)
tu	es	aimé(e)	tu	as	été aimé(e)	tu	sois	aimé(e)
il	est	aimé	il	a	été aimé	il	soit	aimé
elle	est	aimée	elle	a	été aimée	elle	soit	aimée
nous	sommes	aimé(e)s	nous	avons	été aimé(e)s	nous	soyons	aimé(e)s
vous	êtes	aimé(e)(s)	vous	avez	été aimé(e)(s)	vous	soyez	aimé(e)(s)
ils	sont	aimés	ils	ont	été aimés	ils	soient	aimés
elles	sont	aimées	elles	ont	été aimées	elles	soient	aimées
半　過　去			大　過　去			過　去		
j'	étais	aimé(e)	j'	avais	été aimé(e)	j'	aie	été aimé(e)
tu	étais	aimé(e)	tu	avais	été aimé(e)	tu	aies	été aimé(e)
il	était	aimé	il	avait	été aimé	il	ait	été aimé
elle	était	aimée	elle	avait	été aimée	elle	ait	été aimée
nous	étions	aimé(e)s	nous	avions	été aimé(e)s	nous	ayons	été aimé(e)s
vous	étiez	aimé(e)(s)	vous	aviez	été aimé(e)(s)	vous	ayez	été aimé(e)(s)
ils	étaient	aimés	ils	avaient	été aimés	ils	aient	été aimés
elles	étaient	aimées	elles	avaient	été aimées	elles	aient	été aimées
単　純　過　去			前　過　去			半　過　去		
je	fus	aimé(e)	j'	eus	été aimé(e)	je	fusse	aimé(e)
tu	fus	aimé(e)	tu	eus	été aimé(e)	tu	fusses	aimé(e)
il	fut	aimé	il	eut	été aimé	il	fût	aimé
elle	fut	aimée	elle	eut	été aimée	elle	fût	aimée
nous	fûmes	aimé(e)s	nous	eûmes	été aimé(e)s	nous	fussions	aimé(e)s
vous	fûtes	aimé(e)(s)	vous	eûtes	été aimé(e)(s)	vous	fussiez	aimé(e)(s)
ils	furent	aimés	ils	eurent	été aimés	ils	fussent	aimés
elles	furent	aimées	elles	eurent	été aimées	elles	fussent	aimées
単　純　未　来			前　未　来			大　過　去		
je	serai	aimé(e)	j'	aurai	été aimé(e)	j'	eusse	été aimé(e)
tu	seras	aimé(e)	tu	auras	été aimé(e)	tu	eusses	été aimé(e)
il	sera	aimé	il	aura	été aimé	il	eût	été aimé
elle	sera	aimée	elle	aura	été aimée	elle	eût	été aimée
nous	serons	aimé(e)s	nous	aurons	été aimé(e)s	nous	eussions	été aimé(e)s
vous	serez	aimé(e)(s)	vous	aurez	été aimé(e)(s)	vous	eussiez	été aimé(e)(s)
ils	seront	aimés	ils	auront	été aimés	ils	eussent	été aimés
elles	seront	aimées	elles	auront	été aimées	elles	eussent	été aimées
条　件　法						現在分詞		
現　在			過　去			étant aimé(e)(s)		
je	serais	aimé(e)	j'	aurais	été aimé(e)			
tu	serais	aimé(e)	tu	aurais	été aimé(e)	過去分詞		
il	serait	aimé	il	aurait	été aimé	été aimé(e)(s)		
elle	serait	aimée	elle	aurait	été aimée			
nous	serions	aimé(e)s	nous	aurions	été aimé(e)s	命　令　法		
vous	seriez	aimé(e)(s)	vous	auriez	été aimé(e)(s)	sois	aimé(e)s	
ils	seraient	aimés	ils	auraient	été aimés	soyons	aimé(e)s	
elles	seraient	aimées	elles	auraient	été aimées	soyez	aimé(e)(s)	

6. se lever ［代名動詞］

直　説　法

現　在

je	me	lève
tu	te	lèves
il	se	lève
elle	se	lève
nous	nous	levons
vous	vous	levez
ils	se	lèvent
elles	se	lèvent

複　合　過　去

je	me	suis	levé(e)
tu	t'	es	levé(e)
il	s'	est	levé
elle	s'	est	levée
nous	nous	sommes	levé(e)s
vous	vous	êtes	levé(e)(s)
ils	se	sont	levés
elles	se	sont	levées

接　続　法

現　在

je	me	lève
tu	te	lèves
il	se	lève
elle	se	lève
nous	nous	levions
vous	vous	leviez
ils	se	lèvent
elles	se	lèvent

半　過　去

je	me	levais
tu	te	levais
il	se	levait
elle	se	levait
nous	nous	levions
vous	vous	leviez
ils	se	levaient
elles	se	levaient

大　過　去

je	m'	étais	levé(e)
tu	t'	étais	levé(e)
il	s'	était	levé
elle	s'	était	levée
nous	nous	étions	levé(e)s
vous	vous	étiez	levé(e)(s)
ils	s'	étaient	levés
elles	s'	étaient	levées

過　去

je	me	sois	levé(e)
tu	te	sois	levé(e)
il	se	soit	levé
elle	se	soit	levée
nous	nous	soyons	levé(e)s
vous	vous	soyez	levé(e)(s)
ils	se	soient	levés
elles	se	soient	levées

単　純　過　去

je	me	levai
tu	te	levas
il	se	leva
elle	se	leva
nous	nous	levâmes
vous	vous	levâtes
ils	se	levèrent
elles	se	levèrent

前　過　去

je	me	fus	levé(e)
tu	te	fus	levé(e)
il	se	fut	levé
elle	se	fut	levée
nous	nous	fûmes	levé(e)s
vous	vous	fûtes	levé(e)(s)
ils	se	furent	levés
elles	se	furent	levées

半　過　去

je	me	levasse
tu	te	levasses
il	se	levât
elle	se	levât
nous	nous	levassions
vous	vous	levassiez
ils	se	levassent
elles	se	levassent

単　純　未　来

je	me	lèverai
tu	te	lèveras
il	se	lèvera
elle	se	lèvera
nous	nous	lèverons
vous	vous	lèverez
ils	se	lèveront
elles	se	lèveront

前　未　来

je	me	serai	levé(e)
tu	te	seras	levé(e)
il	se	sera	levé
elle	se	sera	levée
nous	nous	serons	levé(e)s
vous	vous	serez	levé(e)(s)
ils	se	seront	levés
elles	se	seront	levées

大　過　去

je	me	fusse	levé(e)
tu	te	fusses	levé(e)
il	se	fût	levé
elle	se	fût	levée
nous	nous	fussions	levé(e)s
vous	vous	fussiez	levé(e)(s)
ils	se	fussent	levés
elles	se	fussent	levées

条　件　法

現　在

je	me	lèverais
tu	te	lèverais
il	se	lèverait
elle	se	lèverait
nous	nous	lèverions
vous	vous	lèveriez
ils	se	lèveraient
elles	se	lèveraient

過　去

je	me	serais	levé(e)
tu	te	serais	levé(e)
il	se	serait	levé
elle	se	serait	levée
nous	nous	serions	levé(e)s
vous	vous	seriez	levé(e)(s)
ils	se	seraient	levés
elles	se	seraient	levées

現在分詞

se levant

命　令　法

lève-toi
levons-nous
levez-vous

◇ se が間接補語のとき過去分詞は性・数の変化をしない．

不定法 現在分詞 過去分詞	直 説 法			
	現　在	半過去	単純過去	単純未来
7. aimer *aimant* *aimé*	j'　aime tu　aimes il　aime n.　aimons v.　aimez ils　aiment	j'　aimais tu　aimais il　aimait n.　aimions v.　aimiez ils　aimaient	j'　aimai tu　aimas il　aima n.　aimâmes v.　aimâtes ils　aimèrent	j'　aimerai tu　aimeras il　aimera n.　aimerons v.　aimerez ils　aimeront
8. commencer *commençant* *commencé*	je　commence tu　commences il　commence n.　commençons v.　commencez ils　commencent	je　commençais tu　commençais il　commençait n.　commencions v.　commenciez ils　commençaient	je　commençai tu　commenças il　commença n.　commençâmes v.　commençâtes ils　commencèrent	je　commencerai tu　commenceras il　commencera n.　commencerons v.　commencerez ils　commenceront
9. manger *mangeant* *mangé*	je　mange tu　manges il　mange n.　mangeons v.　mangez ils　mangent	je　mangeais tu　mangeais il　mangeait n.　mangions v.　mangiez ils　mangeaient	je　mangeai tu　mangeas il　mangea n.　mangeâmes v.　mangeâtes ils　mangèrent	je　mangerai tu　mangeras il　mangera n.　mangerons v.　mangerez ils　mangeront
10. acheter *achetant* *acheté*	j'　achète tu　achètes il　achète n.　achetons v.　achetez ils　achètent	j'　achetais tu　achetais il　achetait n.　achetions v.　achetiez ils　achetaient	j'　achetai tu　achetas il　acheta n.　achetâmes v.　achetâtes ils　achetèrent	j'　achèterai tu　achèteras il　achètera n.　achèterons v.　achèterez ils　achèteront
11. appeler *appelant* *appelé*	j'　appelle tu　appelles il　appelle n.　appelons v.　appelez ils　appellent	j'　appelais tu　appelais il　appelait n.　appelions v.　appeliez ils　appelaient	j'　appelai tu　appelas il　appela n.　appelâmes v.　appelâtes ils　appelèrent	j'　appellerai tu　appelleras il　appellera n.　appellerons v.　appellerez ils　appelleront
12. préférer *préférant* *préféré*	je　préfère tu　préfères il　préfère n.　préférons v.　préférez ils　préfèrent	je　préférais tu　préférais il　préférait n.　préférions v.　préfériez ils　préféraient	je　préférai tu　préféras il　préféra n.　préférâmes v.　préférâtes ils　préférèrent	je　préférerai tu　préféreras il　préférera n.　préférerons v.　préférerez ils　préféreront
13. employer *employant* *employé*	j'　emploie tu　emploies il　emploie n.　employons v.　employez ils　emploient	j'　employais tu　employais il　employait n.　employions v.　employiez ils　employaient	j'　employai tu　employas il　employa n.　employâmes v.　employâtes ils　employèrent	j'　emploierai tu　emploieras il　emploiera n.　emploierons v.　emploierez ils　emploieront

条件法	接続法		命令法	同型
現在	現在	半過去		
j' aimerais tu aimerais il aimerait n. aimerions v. aimeriez ils aimeraient	j' aime tu aimes il aime n. aimions v. aimiez ils aiment	j' aimasse tu aimasses il aimât n. aimassions v. aimassiez ils aimassent	aime aimons aimez	注語尾 -er の動詞 （除：aller, envoyer） を**第一群規則動詞**と もいう．
je commencerais tu commencerais il commencerait n. commencerions v. commenceriez ils commenceraient	je commence tu commences il commence n. commencions v. commenciez ils commencent	je commençasse tu commençasses il commençât n. commençassions v. commençassiez ils commençassent	commence commençons commencez	**avancer** **effacer** **forcer** **lancer** **placer** **prononcer** **remplacer** **renoncer**
je mangerais tu mangerais il mangerait n. mangerions v. mangeriez ils mangeraient	je mange tu manges il mange n. mangions v. mangiez ils mangent	je mangeasse tu mangeasses il mangeât n. mangeassions v. mangeassiez ils mangeassent	mange mangeons mangez	**arranger** **changer** **charger** **déranger** **engager** **manger** **obliger** **voyager**
j' achèterais tu achèterais il achèterait n. achèterions v. achèteriez ils achèteraient	j' achète tu achètes il achète n. achetions v. achetiez ils achètent	j' achetasse tu achetasses il achetât n. achetassions v. achetassiez ils achetassent	achète achetons achetez	**achever** **amener** **enlever** **lever** **mener** **peser** **(se) promener**
j' appellerais tu appellerais il appellerait n. appellerions v. appelleriez ils appelleraient	j' appelle tu appelles il appelle n. appelions v. appeliez ils appellent	j' appelasse tu appelasses il appelât n. appelassions v. appelassiez ils appelassent	appelle appelons appelez	**jeter** **rappeler** **rejeter** **renouveler**
je préférerais tu préférerais il préférerait n. préférerions v. préféreriez ils préféreraient	je préfère tu préfères il préfère n. préférions v. préfériez ils préfèrent	je préférasse tu préférasses il préférât n. préférassions v. préférassiez ils préférassent	préfère préférons préférez	**considérer** **désespérer** **espérer** **inquiéter** **pénétrer** **posséder** **répéter** **sécher**
j' emploierais tu emploierais il emploierait n. emploierions v. emploieriez ils emploieraient	j' emploie tu emploies il emploie n. employions v. employiez ils emploient	j' employasse tu employasses il employât n. employassions v. employassiez ils employassent	emploie employons employez	**-oyer**（除：envoyer） **-uyer** **appuyer** **ennuyer** **essuyer** **nettoyer**

不定法 現在分詞 過去分詞	直　説　法			
	現　在	半　過　去	単純過去	単純未来
14. payer *payant* *payé*	je　paye (paie) tu　payes (paies) il　paye (paie) n.　payons v.　payez ils　payent (paient)	je　payais tu　payais il　payait n.　payions v.　payiez ils　payaient	je　payai tu　payas il　paya n.　payâmes v.　payâtes ils　payèrent	je　payerai (paierai) tu　payeras (*etc.*...) il　payera n.　payerons v.　payerez ils　payeront
15. envoyer *envoyant* *envoyé*	j'　envoie tu　envoies il　envoie n.　envoyons v.　envoyez ils　envoient	j'　envoyais tu　envoyais il　envoyait n.　envoyions v.　envoyiez ils　envoyaient	j'　envoyai tu　envoyas il　envoya n.　envoyâmes v.　envoyâtes ils　envoyèrent	j'　**enverrai** tu　**enverras** il　**enverra** n.　**enverrons** v.　**enverrez** ils　**enverront**
16. aller *allant* *allé*	je　**vais** tu　**vas** il　**va** n.　allons v.　allez ils　**vont**	j'　allais tu　allais il　allait n.　allions v.　alliez ils　allaient	j'　allai tu　allas il　alla n.　allâmes v.　allâtes ils　allèrent	j'　**irai** tu　**iras** il　**ira** n.　**irons** v.　**irez** ils　**iront**
17. finir *finissant* *fini*	je　finis tu　finis il　finit n.　finissons v.　finissez ils　finissent	je　finissais tu　finissais il　finissait n.　finissions v.　finissiez ils　finissaient	je　finis tu　finis il　finit n.　finîmes v.　finîtes ils　finirent	je　finirai tu　finiras il　finira n.　finirons v.　finirez ils　finiront
18. partir *partant* *parti*	je　pars tu　pars il　part n.　partons v.　partez ils　partent	je　partais tu　partais il　partait n.　partions v.　partiez ils　partaient	je　partis tu　partis il　partit n.　partîmes v.　partîtes ils　partirent	je　partirai tu　partiras il　partira n.　partirons v.　partirez ils　partiront
19. sentir *sentant* *senti*	je　sens tu　sens il　sent n.　sentons v.　sentez ils　sentent	je　sentais tu　sentais il　sentait n.　sentions v.　sentiez ils　sentaient	je　sentis tu　sentis il　sentit n.　sentîmes v.　sentîtes ils　sentirent	je　sentirai tu　sentiras il　sentira n.　sentirons v.　sentirez ils　sentiront
20. tenir *tenant* *tenu*	je　tiens tu　tiens il　tient n.　tenons v.　tenez ils　tiennent	je　tenais tu　tenais il　tenait n.　tenions v.　teniez ils　tenaient	je　tins tu　tins il　tint n.　tînmes v.　tîntes ils　tinrent	je　**tiendrai** tu　**tiendras** il　**tiendra** n.　**tiendrons** v.　**tiendrez** ils　**tiendront**

条　件　法	接　続　法		命　令　法	同　　型
現　　在	現　　在	半　過　去		
je payerais (paierais) tu payerais (*etc.* . . .) il payerait n. payerions v. payeriez ils payeraient	je paye (paie) tu payes (paies) il paye (paie) n. payions v. payiez ils payent (paient)	je payasse tu payasses il payât n. payassions v. payassiez ils payassent	paie (paye) payons payez	[発音] je paye [ʒəpɛj], je paie　[ʒəpɛ]; je payerai [ʒəpɛjre], je paierai [ʒəpɛre].
j' enverrais tu enverrais il enverrait n. enverrions v. enverriez ils enverraient	j' envoie tu envoies il envoie n. envoyions v. envoyiez ils envoient	j' envoyasse tu envoyasses il envoyât n. envoyassions v. envoyassiez ils envoyassent	envoie envoyons envoyez	注 未来，条・現を除い ては，13 と同じ． **renvoyer**
j' irais tu irais il irait n. irions v. iriez ils iraient	j' **aille** tu **ailles** il **aille** n. allions v. alliez ils **aillent**	j' allasse tu allasses il allât n. allassions v. allassiez ils allassent	**va** allons allez	注 yがつくとき命令法・ 現在は vas: vas-y．直・ 現・3人称複数に ont の 語尾をもつものは他に ont (avoir), sont (être), font (faire)のみ．
je finirais tu finirais il finirait n. finirions v. finiriez ils finiraient	je finisse tu finisses il finisse n. finissions v. finissiez ils finissent	je finisse tu finisses il finît n. finissions v. finissiez ils finissent	finis finissons finissez	注 finir 型の動詞を第 2群規則動詞という．
je partirais tu partirais il partirait n. partirions v. partiriez ils partiraient	je parte tu partes il parte n. partions v. partiez ils partent	je partisse tu partisses il partît n. partissions v. partissiez ils partissent	pars partons partez	注 助動詞は être． **sortir**
je sentirais tu sentirais il sentirait n. sentirions v. sentiriez ils sentiraient	je sente tu sentes il sente n. sentions v. sentiez ils sentent	je sentisse tu sentisses il sentît n. sentissions v. sentissiez ils sentissent	sens sentons sentez	注 18と助動詞を除 けば同型．
je tiendrais tu tiendrais il tiendrait n. tiendrions v. tiendriez ils tiendraient	je tienne tu tiennes il tienne n. tenions v. teniez ils tiennent	je tinsse tu tinsses il tînt n. tinssions v. tinssiez ils tinssent	tiens tenons tenez	注 **venir 21** と同型， ただし，助動詞は avoir．

不定法 現在分詞 過去分詞	直説法			
	現在	半過去	単純過去	単純未来
21. venir *venant* *venu*	je viens tu viens il vient n. venons v. venez ils viennent	je venais tu venais il venait n. venions v. veniez ils venaient	je vins tu vins il vint n. vînmes v. vîntes ils vinrent	je **viendrai** tu **viendras** il **viendra** n. **viendrons** v. **viendrez** ils **viendront**
22. accueillir *accueillant* *accueilli*	j' **accueille** tu **accueilles** il **accueille** n. accueillons v. accueillez ils accueillent	j' accueillais tu accueillais il accueillait n. accueillions v. accueilliez ils accueillaient	j' accueillis tu accueillis il accueillit n. accueillîmes v. accueillîtes ils accueillirent	j' **accueillerai** tu **accueilleras** il **accueillera** n. **accueillerons** v. **accueillerez** ils **accueilleront**
23. ouvrir *ouvrant* *ouvert*	j' **ouvre** tu **ouvres** il **ouvre** n. ouvrons v. ouvrez ils ouvrent	j' ouvrais tu ouvrais il ouvrait n. ouvrions v. ouvriez ils ouvraient	j' ouvris tu ouvris il ouvrit n. ouvrîmes v. ouvrîtes ils ouvrirent	j' ouvrirai tu ouvriras il ouvrira n. ouvrirons v. ouvrirez ils ouvriront
24. courir *courant* *couru*	je cours tu cours il court n. courons v. courez ils courent	je courais tu courais il courait n. courions v. couriez ils couraient	je courus tu courus il courut n. courûmes v. courûtes ils coururent	je **courrai** tu **courras** il **courra** n. **courrons** v. **courrez** ils **courront**
25. mourir *mourant* *mort*	je meurs tu meurs il meurt n. mourons v. mourez ils meurent	je mourais tu mourais il mourait n. mourions v. mouriez ils mouraient	je mourus tu mourus il mourut n. mourûmes v. mourûtes ils moururent	je **mourrai** tu **mourras** il **mourra** n. **mourrons** v. **mourrez** ils **mourront**
26. acquérir *acquérant* *acquis*	j' acquiers tu acquiers il acquiert n. acquérons v. acquérez ils acquièrent	j' acquérais tu acquérais il acquérait n. acquérions v. acquériez ils acquéraient	j' acquis tu acquis il acquit n. acquîmes v. acquîtes ils acquirent	j' **acquerrai** tu **acquerras** il **acquerra** n. **acquerrons** v. **acquerrez** ils **acquerront**
27. fuir *fuyant* *fui*	je fuis tu fuis il fuit n. fuyons v. fuyez ils fuient	je fuyais tu fuyais il fuyait n. fuyions v. fuyiez ils fuyaient	je fuis tu fuis il fuit n. fuîmes v. fuîtes ils fuirent	je fuirai tu fuiras il fuira n. fuirons v. fuirez ils fuiront

条件法	接続法		命令法	同型
現在	現在	半過去		
je viendrais tu viendrais il viendrait n. viendrions v. viendriez ils viendraient	je vienne tu viennes il vienne n. venions v. veniez ils viennent	je vinsse tu vinsses il vînt n. vinssions v. vinssiez ils vinssent	viens venons venez	注 助動詞は être. **devenir** **intervenir** **prévenir** **revenir** **(se) souvenir**
j' accueillerais tu accueillerais il accueillerait n. accueillerions v. accueilleriez ils accueilleraient	j' accueille tu accueilles il accueille n. accueillions v. accueilliez ils accueillent	j' accueillisse tu accueillisses il accueillît n. accueillissions v. accueillissiez ils accueillissent	**accueille** accueillons accueillez	**cueillir**
j' ouvrirais tu ouvrirais il ouvrirait n. ouvririons v. ouvririez ils ouvriraient	j' ouvre tu ouvres il ouvre n. ouvrions v. ouvriez ils ouvrent	j' ouvrisse tu ouvrisses il ouvrît n. ouvrissions v. ouvrissiez ils ouvrissent	**ouvre** ouvrons ouvrez	**couvrir** **découvrir** **offrir** **souffrir**
je courrais tu courrais il courrait n. courrions v. courriez ils courraient	je coure tu coures il coure n. courions v. couriez ils courent	je courusse tu courusses il courût n. courussions v. courussiez ils courussent	cours courons courez	**accourir**
je mourrais tu mourrais il mourrait n. mourrions v. mourriez ils mourraient	je meure tu meures il meure n. mourions v. mouriez ils meurent	je mourusse tu mourusses il mourût n. mourussions v. mourussiez ils mourussent	meurs mourons mourez	注 助動詞は être.
j' acquerrais tu acquerrais il acquerrait n. acquerrions v. acquerriez ils acquerraient	j' acquière tu acquières il acquière n. acquérions v. acquériez ils acquièrent	j' acquisse tu acquisses il acquît n. acquissions v. acquissiez ils acquissent	acquiers acquérons acquérez	**conquérir**
je fuirais tu fuirais il fuirait n. fuirions v. fuiriez ils fuiraient	je fuie tu fuies il fuie n. fuyions v. fuyiez ils fuient	je fuisse tu fuisses il fuît n. fuissions v. fuissiez ils fuissent	fuis fuyons fuyez	**s'enfuir**

不定法 現在分詞 過去分詞	直 説 法			
	現　在	半過去	単純過去	単純未来
28. rendre *rendant* *rendu*	je　rends tu　rends il　**rend** n.　rendons v.　rendez ils　rendent	je　rendais tu　rendais il　rendait n.　rendions v.　rendiez ils　rendaient	je　rendis tu　rendis il　rendit n.　rendîmes v.　rendîtes ils　rendirent	je　rendrai tu　rendras il　rendra n.　rendrons v.　rendrez ils　rendront
29. prendre *prenant* *pris*	je　prends tu　prends il　**prend** n.　prenons v.　prenez ils　prennent	je　prenais tu　prenais il　prenait n.　prenions v.　preniez ils　prenaient	je　pris tu　pris il　prit n.　prîmes v.　prîtes ils　prirent	je　prendrai tu　prendras il　prendra n.　prendrons v.　prendrez ils　prendront
30. craindre *craignant* *craint*	je　crains tu　crains il　craint n.　craignons v.　craignez ils　craignent	je　craignais tu　craignais il　craignait n.　craignions v.　craigniez ils　craignaient	je　craignis tu　craignis il　craignit n.　craignîmes v.　craignîtes ils　craignirent	je　craindrai tu　craindras il　craindra n.　craindrons v.　craindrez ils　craindront
31. faire *faisant* *fait*	je　fais tu　fais il　fait n.　faisons v.　**faites** ils　**font**	je　faisais tu　faisais il　faisait n.　faisions v.　faisiez ils　faisaient	je　fis tu　fis il　fit n.　fîmes v.　fîtes ils　firent	je　**ferai** tu　**feras** il　**fera** n.　**ferons** v.　**ferez** ils　**feront**
32. dire *disant* *dit*	je　dis tu　dis il　dit n.　disons v.　**dites** ils　disent	je　disais tu　disais il　disait n.　disions v.　disiez ils　disaient	je　dis tu　dis il　dit n.　dîmes v.　dîtes ils　dirent	je　dirai tu　diras il　dira n.　dirons v.　direz ils　diront
33. lire *lisant* *lu*	je　lis tu　lis il　lit n.　lisons v.　lisez ils　lisent	je　lisais tu　lisais il　lisait n.　lisions v.　lisiez ils　lisaient	je　lus tu　lus il　lut n.　lûmes v.　lûtes ils　lurent	je　lirai tu　liras il　lira n.　lirons v.　lirez ils　liront
34. suffire *suffisant* *suffi*	je　suffis tu　suffis il　suffit n.　suffisons v.　suffisez ils　suffisent	je　suffisais tu　suffisais il　suffisait n.　suffisions v.　suffisiez ils　suffisaient	je　suffis tu　suffis il　suffit n.　suffîmes v.　suffîtes ils　suffirent	je　suffirai tu　suffiras il　suffira n.　suffirons v.　suffirez ils　suffiront

条件法	接続法		命令法	同型
現在	現在	半過去		
je rendrais tu rendrais il rendrait n. rendrions v. rendriez ils rendraient	je rende tu rendes il rende n. rendions v. rendiez ils rendent	je rendisse tu rendisses il rendît n. rendissions v. rendissiez ils rendissent	rends rendons rendez	**attendre** **descendre** **entendre** **pendre** **perdre** **répandre** **répondre** **vendre**
je prendrais tu prendrais il prendrait n. prendrions v. prendriez ils prendraient	je prenne tu prennes il prenne n. prenions v. preniez ils prennent	je prisse tu prisses il prît n. prissions v. prissiez ils prissent	prends prenons prenez	**apprendre** **comprendre** **entreprendre** **reprendre** **surprendre**
je craindrais tu craindrais il craindrait n. craindrions v. craindriez ils craindraient	je craigne tu craignes il craigne n. craignions v. craigniez ils craignent	je craignisse tu craignisses il craignît n. craignissions v. craignissiez ils craignissent	crains craignons craignez	**atteindre** **éteindre** **joindre** **peindre** **plaindre**
je ferais tu ferais il ferait n. ferions v. feriez ils feraient	je **fasse** tu **fasses** il **fasse** n. **fassions** v. **fassiez** ils **fassent**	je fisse tu fisses il fît n. fissions v. fissiez ils fissent	fais faisons **faites**	**défaire** **refaire** **satisfaire** 注 fais-[f(ə)z-]
je dirais tu dirais il dirait n. dirions v. diriez ils diraient	je dise tu dises il dise n. disions v. disiez ils disent	je disse tu disses il dît n. dissions v. dissiez ils dissent	dis disons **dites**	**redire**
je lirais tu lirais il lirait n. lirions v. liriez ils liraient	je lise tu lises il lise n. lisions v. lisiez ils lisent	je lusse tu lusses il lût n. lussions v. lussiez ils lussent	lis lisons lisez	**relire** **élire**
je suffirais tu suffirais il suffirait n. suffirions v. suffiriez ils suffiraient	je suffise tu suffises il suffise n. suffisions v. suffisiez ils suffisent	je suffisse tu suffisses il suffît n. suffissions v. suffissiez ils suffissent	suffis suffisons suffisez	

不定法 現在分詞 過去分詞	直　説　法			
	現　在	半過去	単純過去	単純未来
35. conduire *conduisant* *conduit*	je conduis tu conduis il conduit n. conduisons v. conduisez ils conduisent	je conduisais tu conduisais il conduisait n. conduisions v. conduisiez ils conduisaient	je conduisis tu conduisis il conduisit n. conduisîmes v. conduisîtes ils conduisirent	je conduirai tu conduiras il conduira n. conduirons v. conduirez ils conduiront
36. plaire *plaisant* *plu*	je plais tu plais il **plaît** n. plaisons v. plaisez ils plaisent	je plaisais tu plaisais il plaisait n. plaisions v. plaisiez ils plaisaient	je plus tu plus il plut n. plûmes v. plûtes ils plurent	je plairai tu plairas il plaira n. plairons v. plairez ils plairont
37. coudre *cousant* *cousu*	je couds tu couds il coud n. cousons v. cousez ils cousent	je cousais tu cousais il cousait n. cousions v. cousiez ils cousaient	je cousis tu cousis il cousit n. cousîmes v. cousîtes ils cousirent	je coudrai tu coudras il coudra n. coudrons v. coudrez ils coudront
38. suivre *suivant* *suivi*	je suis tu suis il suit n. suivons v. suivez ils suivent	je suivais tu suivais il suivait n. suivions v. suiviez ils suivaient	je suivis tu suivis il suivit n. suivîmes v. suivîtes ils suivirent	je suivrai tu suivras il suivra n. suivrons v. suivrez ils suivront
39. vivre *vivant* *vécu*	je vis tu vis il vit n. vivons v. vivez ils vivent	je vivais tu vivais il vivait n. vivions v. viviez ils vivaient	je vécus tu vécus il vécut n. vécûmes v. vécûtes ils vécurent	je vivrai tu vivras il vivra n. vivrons v. vivrez ils vivront
40. écrire *écrivant* *écrit*	j' écris tu écris il écrit n. écrivons v. écrivez ils écrivent	j' écrivais tu écrivais il écrivait n. écrivions v. écriviez ils écrivaient	j' écrivis tu écrivis il écrivit n. écrivîmes v. écrivîtes ils écrivirent	j' écrirai tu écriras il écrira n. écrirons v. écrirez ils écriront
41. boire *buvant* *bu*	je bois tu bois il boit n. buvons v. buvez ils boivent	je buvais tu buvais il buvait n. buvions v. buviez ils buvaient	je bus tu bus il but n. bûmes v. bûtes ils burent	je boirai tu boiras il boira n. boirons v. boirez ils boiront

条件法 現在	接続法 現在	接続法 半過去	命令法	同型
je conduirais tu conduirais il conduirait n. conduirions v. conduiriez ils conduiraient	je conduise tu conduises il conduise n. conduisions v. conduisiez ils conduisent	je conduisisse tu conduisisses il conduisît n. conduisissions v. conduisissiez ils conduisissent	conduis conduisons conduisez	**construire** **cuire** **détruire** **instruire** **introduire** **produire** **traduire**
je plairais tu plairais il plairait n. plairions v. plairiez ils plairaient	je plaise tu plaises il plaise n. plaisions v. plaisiez ils plaisent	je plusse tu plusses il plût n. plussions v. plussiez ils plussent	plais plaisons plaisez	**déplaire** **(se) taire** （ただし il se tait）
je coudrais tu coudrais il coudrait n. coudrions v. coudriez ils coudraient	je couse tu couses il couse n. cousions v. cousiez ils cousent	je cousisse tu cousisses il cousît n. cousissions v. cousissiez ils cousissent	couds cousons cousez	
je suivrais tu suivrais il suivrait n. suivrions v. suivriez ils suivraient	je suive tu suives il suive n. suivions v. suiviez ils suivent	je suivisse tu suivisses il suivît n. suivissions v. suivissiez ils suivissent	suis suivons suivez	**poursuivre**
je vivrais tu vivrais il vivrait n. vivrions v. vivriez ils vivraient	je vive tu vives il vive n. vivions v. viviez ils vivent	je vécusse tu vécusses il vécût n. vécussions v. vécussiez ils vécussent	vis vivons vivez	
j' écrirais tu écrirais il écrirait n. écririons v. écririez ils écriraient	j' écrive tu écrives il écrive n. écrivions v. écriviez ils écrivent	j' écrivisse tu écrivisses il écrivît n. écrivissions v. écrivissiez ils écrivissent	écris écrivons écrivez	**décrire** **inscrire**
je boirais tu boirais il boirait n. boirions v. boiriez ils boiraient	je boive tu boives il boive n. buvions v. buviez ils boivent	je busse tu busses il bût n. bussions v. bussiez ils bussent	bois buvons buvez	

不定法 現在分詞 過去分詞	直 説 法			
	現　在	半 過 去	単純過去	単純未来
42. résoudre *résolvant* *résolu*	je　résous tu　résous il　résout n.　résolvons v.　résolvez ils　résolvent	je　résolvais tu　résolvais il　résolvait n.　résolvions v.　résolviez ils　résolvaient	je　résolus tu　résolus il　résolut n.　résolûmes v.　résolûtes ils　résolurent	je　résoudrai tu　résoudras il　résoudra n.　résoudrons v.　résoudrez ils　résoudront
43. connaître *connaissant* *connu*	je　connais tu　connais il　**connaît** n.　connaissons v.　connaissez ils　connaissent	je　connaissais tu　connaissais il　connaissait n.　connaissions v.　connaissiez ils　connaissaient	je　connus tu　connus il　connut n.　connûmes v.　connûtes ils　connurent	je　connaîtrai tu　connaîtras il　connaîtra n.　connaîtrons v.　connaîtrez ils　connaîtront
44. naître *naissant* *né*	je　nais tu　nais il　**naît** n.　naissons v.　naissez ils　naissent	je　naissais tu　naissais il　naissait n.　naissions v.　naissiez ils　naissaient	je　naquis tu　naquis il　naquit n.　naquîmes v.　naquîtes ils　naquirent	je　naîtrai tu　naîtras il　naîtra n.　naîtrons v.　naîtrez ils　naîtront
45. croire *croyant* *cru*	je　crois tu　crois il　croit n.　croyons v.　croyez ils　croient	je　croyais tu　croyais il　croyait n.　croyions v.　croyiez ils　croyaient	je　crus tu　crus il　crut n.　crûmes v.　crûtes ils　crurent	je　croirai tu　croiras il　croira n.　croirons v.　croirez ils　croiront
46. battre *battant* *battu*	je　bats tu　bats il　**bat** n.　battons v.　battez ils　battent	je　battais tu　battais il　battait n.　battions v.　battiez ils　battaient	je　battis tu　battis il　battit n.　battîmes v.　battîtes ils　battirent	je　battrai tu　battras il　battra n.　battrons v.　battrez ils　battront
47. mettre *mettant* *mis*	je　mets tu　mets il　**met** n.　mettons v.　mettez ils　mettent	je　mettais tu　mettais il　mettait n.　mettions v.　mettiez ils　mettaient	je　mis tu　mis il　mit n.　mîmes v.　mîtes ils　mirent	je　mettrai tu　mettras il　mettra n.　mettrons v.　mettrez ils　mettront
48. rire *riant* *ri*	je　ris tu　ris il　rit n.　rions v.　riez ils　rient	je　riais tu　riais il　riait n.　riions v.　riiez ils　riaient	je　ris tu　ris il　rit n.　rîmes v.　rîtes ils　rirent	je　rirai tu　riras il　rira n.　rirons v.　rirez ils　riront

条件法 現在	接続法 現在	接続法 半過去	命令法	同型
je résoudrais tu résoudrais il résoudrait n. résoudrions v. résoudriez ils résoudraient	je résolve tu résolves il résolve n. résolvions v. résolviez ils résolvent	je résolusse tu résolusses il résolût n. résolussions v. résolussiez ils résolussent	résous résolvons résolvez	
je connaîtrais tu connaîtrais il connaîtrait n. connaîtrions v. connaîtriez ils connaîtraient	je connaisse tu connaisses il connaisse n. connaissions v. connaissiez ils connaissent	je connusse tu connusses il connût n. connussions v. connussiez ils connussent	connais connaissons connaissez	注tの前にくるとき i→î. **apparaître** **disparaître** **paraître** **reconnaître**
je naîtrais tu naîtrais il naîtrait n. naîtrions v. naîtriez ils naîtraient	je naisse tu naisses il naisse n. naissions v. naissiez ils naissent	je naquisse tu naquisses il naquît n. naquissions v. naquissiez ils naquissent	nais naissons naissez	注tの前にくるとき i→î. 助動詞はêtre.
je croirais tu croirais il croirait n. croirions v. croiriez ils croiraient	je croie tu croies il croie n. croyions v. croyiez ils croient	je crusse tu crusses il crût n. crussions v. crussiez ils crussent	crois croyons croyez	
je battrais tu battrais il battrait n. battrions v. battriez ils battraient	je batte tu battes il batte n. battions v. battiez ils battent	je battisse tu battisses il battît n. battissions v. battissiez ils battissent	bats battons battez	**abattre** **combattre**
je mettrais tu mettrais il mettrait n. mettrions v. mettriez ils mettraient	je mette tu mettes il mette n. mettions v. mettiez ils mettent	je misse tu misses il mît n. missions v. missiez ils missent	mets mettons mettez	**admettre** **commettre** **permettre** **promettre** **remettre**
je rirais tu rirais il rirait n. ririons v. ririez ils riraient	je rie tu ries il rie n. riions v. riiez ils rient	je risse tu risses il rît n. rissions v. rissiez ils rissent	ris rions riez	**sourire**

不定法 現在分詞 過去分詞	直説法			
	現在	半過去	単純過去	単純未来
49. conclure *concluant* *conclu*	je conclus tu conclus il conclut n. concluons v. concluez ils concluent	je concluais tu concluais il concluait n. concluions v. concluiez ils concluaient	je conclus tu conclus il conclut n. conclûmes v. conclûtes ils conclurent	je conclurai tu concluras il conclura n. conclurons v. conclurez ils concluront
50. rompre *rompant* *rompu*	je romps tu romps il rompt n. rompons v. rompez ils rompent	je rompais tu rompais il rompait n. rompions v. rompiez ils rompaient	je rompis tu rompis il rompit n. rompîmes v. rompîtes ils rompirent	je romprai tu rompras il rompra n. romprons v. romprez ils rompront
51. vaincre *vainquant* *vaincu*	je vaincs tu vaincs il **vainc** n. vainquons v. vainquez ils vainquent	je vainquais tu vainquais il vainquait n. vainquions v. vainquiez ils vainquaient	je vainquis tu vainquis il vainquit n. vainquîmes v. vainquîtes ils vainquirent	je vaincrai tu vaincras il vaincra n. vaincrons v. vaincrez ils vaincront
52. recevoir *recevant* *reçu*	je reçois tu reçois il reçoit n. recevons v. recevez ils reçoivent	je recevais tu recevais il recevait n. recevions v. receviez ils recevaient	je reçus tu reçus il reçut n. reçûmes v. reçûtes ils reçurent	je **recevrai** tu **recevras** il **recevra** n. **recevrons** v. **recevrez** ils **recevront**
53. devoir *devant* *dû* (due, dus, dues)	je dois tu dois il doit n. devons v. devez ils doivent	je devais tu devais il devait n. devions v. deviez ils devaient	je dus tu dus il dut n. dûmes v. dûtes ils durent	je **devrai** tu **devras** il **devra** n. **devrons** v. **devrez** ils **devront**
54. pouvoir *pouvant* *pu*	je **peux (puis)** tu **peux** il peut n. pouvons v. pouvez ils peuvent	je pouvais tu pouvais il pouvait n. pouvions v. pouviez ils pouvaient	je pus tu pus il put n. pûmes v. pûtes ils purent	je **pourrai** tu **pourras** il **pourra** n. **pourrons** v. **pourrez** ils **pourront**
55. émouvoir *émouvant* *ému*	j' émeus tu émeus il émeut n. émouvons v. émouvez ils émeuvent	j' émouvais tu émouvais il émouvait n. émouvions v. émouviez ils émouvaient	j' émus tu émus il émut n. émûmes v. émûtes ils émurent	j' **émouvrai** tu **émouvras** il **émouvra** n. **émouvrons** v. **émouvrez** ils **émouvront**

条件法	接続法		命令法	同型
現在	現在	半過去		
je conclurais tu conclurais il conclurait n. conclurions v. concluriez ils concluraient	je conclue tu conclues il conclue n. concluions v. concluiez ils concluent	je conclusse tu conclusses il conclût n. conclussions v. conclussiez ils conclussent	conclus concluons concluez	
je romprais tu romprais il romprait n. romprions v. rompriez ils rompraient	je rompe tu rompes il rompe n. rompions v. rompiez ils rompent	je rompisse tu rompisses il rompît n. rompissions v. rompissiez ils rompissent	romps rompons rompez	**interrompre**
je vaincrais tu vaincrais il vaincrait n. vaincrions v. vaincriez ils vaincraient	je vainque tu vainques il vainque n. vainquions v. vainquiez ils vainquent	je vainquisse tu vainquisses il vainquît n. vainquissions v. vainquissiez ils vainquissent	vaincs vainquons vainquez	**convaincre**
je recevrais tu recevrais il recevrait n. recevrions v. recevriez ils recevraient	je reçoive tu reçoives il reçoive n. recevions v. receviez ils reçoivent	je reçusse tu reçusses il reçût n. reçussions v. reçussiez ils reçussent	reçois recevons recevez	**apercevoir** **concevoir**
je devrais tu devrais il devrait n. devrions v. devriez ils devraient	je doive tu doives il doive n. devions v. deviez ils doivent	je dusse tu dusses il dût n. dussions v. dussiez ils dussent	dois devons devez	注 命令法はほとんど用いられない.
je pourrais tu pourrais il pourrait n. pourrions v. pourriez ils pourraient	je **puisse** tu **puisses** il **puisse** n. **puissions** v. **puissiez** ils **puissent**	je pusse tu pusses il pût n. pussions v. pussiez ils pussent		注 命令法はない.
j' émouvrais tu émouvrais il émouvrait n. émouvrions v. émouvriez ils émouvraient	j' émeuve tu émeuves il émeuve n. émouvions v. émouviez ils émeuvent	j' émusse tu émusses il émût n. émussions v. émussiez ils émussent	émeus émouvons émouvez	**mouvoir** ただし過去分詞は mû (mue, mus, mues)

不定法 現在分詞 過去分詞	直 説 法			
	現　在	半　過　去	単純過去	単純未来
56. savoir *sachant* *su*	je　sais tu　sais il　sait n.　savons v.　savez ils　savent	je　savais tu　savais il　savait n.　savions v.　saviez ils　savaient	je　sus tu　sus il　sut n.　sûmes v.　sûtes ils　surent	je　**saurai** tu　**sauras** il　**saura** n.　**saurons** v.　**saurez** ils　**sauront**
57. voir *voyant* *vu*	je　vois tu　vois il　voit n.　voyons v.　voyez ils　voient	je　voyais tu　voyais il　voyait n.　voyions v.　voyiez ils　voyaient	je　vis tu　vis il　vit n.　vîmes v.　vîtes ils　virent	je　**verrai** tu　**verras** il　**verra** n.　**verrons** v.　**verrez** ils　**verront**
58. vouloir *voulant* *voulu*	je　**veux** tu　**veux** il　veut n.　voulons v.　voulez ils　veulent	je　voulais tu　voulais il　voulait n.　voulions v.　vouliez ils　voulaient	je　voulus tu　voulus il　voulut n.　voulûmes v.　voulûtes ils　voulurent	je　**voudrai** tu　**voudras** il　**voudra** n.　**voudrons** v.　**voudrez** ils　**voudront**
59. valoir *valant* *valu*	je　**vaux** tu　**vaux** il　vaut n.　valons v.　valez ils　valent	je　valais tu　valais il　valait n.　valions v.　valiez ils　valaient	je　valus tu　valus il　valut n.　valûmes v.　valûtes ils　valurent	je　**vaudrai** tu　**vaudras** il　**vaudra** n.　**vaudrons** v.　**vaudrez** ils　**vaudront**
60. s'asseoir *s'asseyant*[1] *assis*	je　m'assieds[1] tu　t'assieds il　**s'assied** n.　n. asseyons v.　v. asseyez ils　s'asseyent	je　m'asseyais[1] tu　t'asseyais il　s'asseyait n.　n. asseyions v.　v. asseyiez ils　s'asseyaient	je　m'assis tu　t'assis il　s'assit n.　n. assîmes v.　v. assîtes ils　s'assirent	je　m'**assiérai**[1] tu　t'**assiéras** il　s'**assiéra** n.　n. **assiérons** v.　v. **assiérez** ils　s'**assiéront**
s'assoyant[2]	je　m'assois[2] tu　t'assois il　s'assoit n.　n. assoyons v.　v. assoyez ils　s'assoient	je　m'assoyais[2] tu　t'assoyais il　s'assoyait n.　n. assoyions v.　v. assoyiez ils　s'assoyaient		je　m'**assoirai**[2] tu　t'**assoiras** il　s'**assoira** n.　n. **assoirons** v.　v. **assoirez** ils　s'**assoiront**
61. pleuvoir *pleuvant* *plu*	il　pleut	il　pleuvait	il　plut	il　**pleuvra**
62. falloir *fallu*	il　faut	il　fallait	il　fallut	il　**faudra**

条件法	接続法		命令法	同型
現在	現在	半過去		
je saurais tu saurais il saurait n. saurions v. sauriez ils sauraient	je **sache** tu **saches** il **sache** n. **sachions** v. **sachiez** ils **sachent**	je susse tu susses il sût n. sussions v. sussiez ils sussent	**sache** **sachons** **sachez**	
je verrais tu verrais il verrait n. verrions v. verriez ils verraient	je voie tu voies il voie n. voyions v. voyiez ils voient	je visse tu visses il vît n. vissions v. vissiez ils vissent	vois voyons voyez	**revoir**
je voudrais tu voudrais il voudrait n. voudrions v. voudriez ils voudraient	je **veuille** tu **veuilles** il **veuille** n. voulions v. vouliez ils **veuillent**	je voulusse tu voulusses il voulût n. voulussions v. voulussiez ils voulussent	**veuille** **veuillons** **veuillez**	
je vaudrais tu vaudrais il vaudrait n. vaudrions v. vaudriez ils vaudraient	je **vaille** tu **vailles** il **vaille** n. valions v. valiez ils **vaillent**	je valusse tu valusses il valût n. valussions v. valussiez ils valussent		注命令法はほとんど用いられない.
je m'assiérais[1] tu t'assiérais il s'assiérait n. n. assiérions v. v. assiériez ils s'assiéraient	je m'asseye[1] tu t'asseyes il s'asseye n. n. asseyions v. v. asseyiez ils s'asseyent	j' m'assisse tu t'assisses il s'assît n. n. assissions v. v. assissiez ils s'assissent	assieds-toi[1] asseyons-nous asseyez-vous	注時称により2種の活用があるが, (1)は古来の活用で, (2)は俗語調である. (1)の方が多く使われる.
je m'assoirais[2] tu t'assoirais il s'assoirait n. n. assoirions v. v. assoiriez ils s'assoiraient	je m'assoie[2] tu t'assoies il s'assoie n. n. assoyions v. v. assoyiez ils s'assoient		assois-toi[2] assoyons-nous assoyez-vous	
il pleuvrait	il pleuve	il plût		注命令法はない.
il faudrait	il **faille**	il fallût		注命令法・現在分詞はない.